Sachrechnen in der Grundschule

Lehrer-Bücherei: Grundschule

Herausgegeben von Horst Bartnitzky und Reinhold Christiani

Heinrich Winter

Sachrechnen in der Grundschule

**Problematik des Sachrechnens
Funktionen des Sachrechnens
Unterrichtsprojekte**

Cornelsen
SCRIPTOR

Die Deutsche Bibliothek — CIP-Einheitsaufnahme

Winter, Heinrich:
Sachrechnen in der Grundschule: Problematik des Sachrechnens; Funktionen des Sachrechnens;
Unterrichtsprojekte/Heinrich Winter — Frankfurt am Main: Cornelsen Scriptor, 1992
  (Lehrer-Bücherei: Grundschule)
  ISBN 3-589-05012-8

1. Auflage 1985: Verlagsrechte bei Cornelsen-Velhagen & Klasing
Verlagsgesellschaft mbH, Bielefeld

Umschlaggestaltung: Dietrich Kahnert, Berlin
Gesamtherstellung: Hans Kock Buch- und Offsetdruck GmbH, Bielefeld
Vertrieb: Cornelsen Verlagsgesellschaft, Bielefeld
Printed in Germany
ISBN 3-589-05012-8
Bestellnummer 050128
6 5 4 3 2

Inhalt

Heinrich Winter

Kreatives Sachrechnen im Mathematikunterricht der Grundschule

„Kurz gesagt, die Mathematik muß ihre Motivation aus konkreter, spezifischer Substanz beziehen und bestrebt sein, wieder zu irgendeiner Schicht von ‚Realität' zurückzukehren."
(R. Courant, in Otte 1974, S. 199)
„ . . . das Problem sollte aus der Situation erwachsen, und das Kind sollte auch lernen, das Problem in der Situation zu erkennen. Sich ein Problem stellen, ist auch Mathematik."
(H. Freudenthal 1973, S. 128)

1. Zur Problematik des Sachrechnens
1.1 Ein Beispiel

„Auf einem Bahnhof fahren zur gleichen Zeit zwei Züge ab. Sie fahren in entgegengesetzte Richtungen. Der eine fährt pro Stunde 80 km, der andere fährt pro Stunde 60 km. Wie weit sind die beiden Züge nach 1 $\frac{1}{2}$ Stunden Fahrzeit voneinander entfernt?"

Das ist ein wohl ziemlich repräsentatives Beispiel für eine Sachaufgabe der gehobenen Anspruchsklasse für Kinder ab dem 4. Schuljahr, wie sie massenhaft in unseren Schulbüchern stehen und die für viele Kinder zum Stolperstein werden.
In einer Erhebung vom Juni 1978, an der 1120 Viertklässler von 43 Klassen des Reg.-Bez. Arnsberg ohne vorheriges gezieltes Üben teilnahmen, kamen 357 Schüler (32%) auf die richtige Lösung; 659 Schüler (59%) errechneten ein falsches Resultat, und die restlichen 104 Schüler (9%) nahmen die Aufgabe nicht in Angriff (Bender 1980). Was waren die Hauptfehler? Allein 166 Schüler hatten als Resultat 30 km, nämlich die Differenz aus 120 km und 90 km, den Fahrstrecken der beiden Züge. Möglicherweise hat sie die Wendung „voneinander entfernt" zu einer Subtraktion verführt, oder die Frage ist umgedeutet worden in: „Um wieviel km ist der schnelle Zug weiter vom Bahnhof entfernt als der langsame?" Oder? 67 Schüler fanden 20 km als Ergebnis (80 km - 60 km), ignorierten oder mißverstanden also zusätzlich die Fahrzeit von 1 $\frac{1}{2}$ Stunden, und 36 Schüler entschieden sich für eine der beiden Fahrstrecken (120 km oder 90 km) der Züge. Nicht weniger als 77 Schüler hatten 140 km, 1800 km, 12600 km, 4800 km u.ä. Resultate, die auf den ersten Blick den Eindruck erwecken, als ob die Schüler auf gut Glück irgendeine Zahlenmanipulation versucht hätten, z.B. 80 km + 60 km = 140 km, 90 · 80 km — 90 · 60 km = 1800 km, wobei die 90 als 90 Minuten (= 1 $\frac{1}{2}$ Stunde) gedeutet ist, also „nur" eine Art Wissensfehler vorliegt. Es gab auch Rechenfehler (1 $\frac{1}{2}$ · 80 = 96) und Sortenumwandlungsfehler (1 $\frac{1}{2}$ Stunde = 130 Minuten), aber die ganz überwältigende Zahl der Fehler beruhte auf einem Mißverstehen oder Andersverstehen der Aufgabe. Und hier liegt überhaupt die Crux des Sachrechnens. Was ist nun an der Aufgabe so schwierig? Oder besser: Welche kognitiven Prozesse bestimmen den (einen) richtigen Lösungsweg?
Erstens einmal ist ein allgemeines, unspezifisches Alltagswissen notwendig über „Bahnhof", „Zug", „abfahren", „voneinander". Darüber hinaus muß der Aufgabenlöser wissen, was mit „80 km pro Stunde" („60 km pro Stunde"), „zur gleichen Zeit" und „Fahrzeit" hier gemeint ist, und das ist schon ein eher wissenschaftliches, mathematisch-physikalisch durchsetztes Wissen. Die Wendungen „entgegengesetzte Richtungen" und „voneinander entfernt" müssen als Bezeichnungen für räumliche Konstellationen verstanden werden, also ist auch ein geometrisch durchsetztes Wissen

notwendig. Schließlich wird in der Aufgabe auch auf spezifisches mathematisches Wissen Bezug genommen, nämlich daß 1 $\frac{1}{2}$ Stunde = 1 Stunde + $\frac{1}{2}$ Stunde ist und daß 80 km und 60 km Längenangaben sind.

Zweitens werden (wenn auch bescheidene) Rechenfertigkeiten gefordert: Teilen durch 2 (oder Vervielfachen mit 1 $\frac{1}{2}$), Addieren.

Drittens, und das ist nun der entscheidende Punkt, muß die beschriebene Situation *verstanden* werden, um die Aufgabe im Sinne eines Problemlöseprozesses bearbeiten zu können. Das Verstehen der Situation bedeutet grob gesagt: sie in das Netz des Wissens einzuordnen und im Bewußtsein als strukturierte Ganzheit aufzubauen, und zwar strukturiert auf die Fragestellung hin. Solange der Schüler die Informationen („Es fahren 2 Züge ab." „Der eine Zug fährt pro Stunde 80 km." usw.) nur als Einzelteile erkennen oder wahrnehmen kann, solange ist kein Verständnis da, und damit käme eine richtige Lösung allenfalls zufällig zustande.

Den Prozeß des Verstehens und einen Prozeß der hieraus erfolgenden Lösung deutet das folgende Schema an:

Zwei Züge fahren

	wo ab?	wann ab?	wohin?	wie schnell?	wie lange?
Gegebene Daten ordnen	von einem Bahnhof	zur gleichen Zeit	in entgegengesetzte Richtungen	der eine 80 km pro Stunde, der andere 60 km pro Stunde	1 $\frac{1}{2}$ Stunden lang
	Ort	Zeitpunkt	Zielrichtung	Geschwindigkeit	Zeitspanne
Einzelwissen, Alltagswissen erinnern	von derselben Stelle	zum selben Zeitpunkt, z.B. beide um 12 Uhr	der eine z.B. nach Osten, der andere nach Westen	in jeder Stunde Fahrzeit eine Fahrstrecke von 80 km (60 km) — Länge	1 ganze Stunde und noch eine weitere halbe Stunde dazu
Gesetzeswissen erinnern	Entfernung voneinander wird mit der Zeit immer größer			Wenn man weiß, wie schnell etwas fährt und wie lange es fährt, kann man die Fahrstrecke ausrechnen.	
	Entfernung voneinander besteht aus 2 Teilen: Weglänge des einen plus Weglänge des anderen von der Ausgangsstelle				
Verarbeitung der der gegebenen Daten in Richtung auf die Fragestellung	Entfernung der Züge voneinander ist Fahrstrecke des einen Zuges plus Fahrstrecke des anderen Zuges.			Der eine Zug hat nach 1 $\frac{1}{2}$ Stunden 80 km + 40 km = 120 km, der andere nach 1 $\frac{1}{2}$ Stunden 60 km + 30 km = 90 km zurückgelegt.	
Frage	? Entfernung der Züge voneinander?				
Gesuchte Lösung	Nach 1 $\frac{1}{2}$ Stunden 120 km + 90 km = 210 km.				

Betrachtet man dieses Schema, so sieht man erst, wie anspruchsvoll das Lösen von Sachaufgaben ist, und man möchte dann eher über die große Zahl der richtigen Lösungen staunen. Insbesondere ist beachtenswert, wie viele verschiedene Wissensvoraussetzungen und Vorverständnisse im Spiel sind, die normalerweise im Unterricht gar nicht angesprochen werden, die aber sehr wohl das Denken der einzelnen Kinder bestimmen. Es wäre ganz oberflächlich, wenn wir den Schwierigkeitsgrad im wesentlichen nach der Anzahl und Art der rechnerischen Lösungsschritte bestimmen wollten!

Das Schema gibt uns auch Fingerzeige zum Verständnis des Hauptschülerfehlers: Die Kinder mit dem Ergebnis 30 km haben sich Stück für Stück von den numerischen Daten (Geschwindigkeit und Zeitspannen) leiten lassen, erhielten richtigerweise die beiden Lösungen 120 km und 90 km, aber zu deren sachgemäßer Weiterverarbeitung hätten sie zu den Daten auf der linken Seite unseres Schemas überspringen und so die beiden Längen als entgegengesetzt liegende Entfernungen vom Bahnhof neu deuten müssen. Das Überspringenmüssen in einen anderen Gedankenstrang wird hier aber durch keinen Hinweis auf Zahlenoperationen, sondern nur durch das geometrische Datum „entgegengesetzte Richtungen" angezeigt, der bei Fixierung auf Zahlenrechnen nicht wahrgenommen wird. (Möglicherweise haben übrigens auch Schüler mit richtigen Lösungen nur zufällig die Schlußaddition anstelle Schlußsubtraktion gewählt?) Das Schema macht auch plausibel, daß ein Lösungsversuch an sehr verschiedenen Stellen scheitern kann. Die Lösung der Aufgabe erfordert den Aufbau einer auf ein Ziel (die Frage) hin gerichteten Wissensstruktur, wobei verschiedene Inhalte des Langzeitgedächtnisses aufgerufen werden und die gegebenen und aufgerufenen Daten in Zusammenhang gebracht und weiterverarbeitet werden. Dieses Tun ist aber nicht ein blindes Kombinieren, sondern wird durch übergeordnete Handlungsweisen gesteuert, welche als solche nicht immer bewußt vollzogen werden müssen. Man nennt sie *heuristische Strategien* oder *Heurismen*. Beispiele für Heurismen sind:

— Das Gegebene und Gesuchte je klar zusammentragen und gegenüberstellen. In unserem Fall: Was weiß ich von den beiden Zügen? Was will ich wissen von den beiden Zügen?

— Den Sachverhalt sich an einer Zeichnung klar machen. In unserem Fall könnte sie so aussehen:

Sie herzustellen bedeutet: die Situation verstehen, die Lösung kreieren. Übrigens: 64% der Schüler, die eine Skizze angefertigt hatten, lösten die Aufgabe richtig, aber nur 5% hatten etwas gezeichnet!

— Sich an eine ähnliche Aufgabe und ihren Lösungsweg erinnern.
— Das Ergebnis grob abschätzen.
— Herausfinden, was aus den gegebenen Daten folgen könnte. Hier: welche Strecke die beiden Züge in 1 $\frac{1}{2}$ Stunden zurücklegen.
— Überlegen, ob man die Frage anders (verständlicher, einfacher) formulieren kann. Hier: wie weit ist der eine Zug vom anderen weg?
— Wenigstens eine Teilaufgabe lösen.
— Am Ende prüfen, ob die Lösung vernünftig erscheint.

Solche Heurismen funktionieren natürlich nicht automatisch; sonst wäre ja das Problemlösen von programmierbaren Maschinen ausführbar und damit trivialisiert, vielmehr stellen sie allgemeine Hinweise und Empfehlungen dar, wie man sich als Aufgabenlöser verhalten sollte, wenn die Aufgabe nicht sofort als Routineaufgabe erkannt wird. Diese Heurismen müssen jeweils für den Einzelfall konkretisiert werden, das Wahrnehmen und Erkennen der Zusammenhänge in der je konkret gegebenen Sachsituation ist *nicht hintergehbar*. Man kann das Sachrechnen offenbar nur zu einem (unwesentlichen) Teil so lehren und einüben wie eine Fertigkeit, wie etwa das Addieren 2-stelliger Zahlen im Kopf. Man kann es nicht am Verstand vorbei unterrichten.
Aber kann man denn dann überhaupt das sachrechnerische Können durch Unterricht steigern? Sind vielleicht Sachaufgaben nur etwas für Begabte? Muß man sich im Normalfall auf Routineaufgaben (die nach einer Musterlösung reproduziert werden) beschränken?
Die Besprechung der obigen Aufgabe, die übrigens wegen ihres gekünstelten Charakters keineswegs als Muster angesehen werden kann, sollte zeigen: Das Lösen von Sachaufgaben ist ein komplexer und anspruchsvoller geistiger Vorgang, ein Problemlöseprozeß, der uns unweigerlich mit der Problematik des Verstehens konfrontiert. Wohlfeilen und erfolgsgarantierenden Methodikrezepten gegenüber muß man skeptisch sein. Die Verbesserung des Sachrechnens, die ich grundsätzlich für möglich halte, ist eine beträchtliche didaktische Herausforderung. Hier will ich nur versuchen, einige praktische Hinweise vorzustellen und zu begründen und Aufgabenmaterial kommentierend zu empfehlen.

1.2. Ist Sachrechnen ein besonderes Rechnen?

Was ist eigentlich Sachrechnen, und wozu soll es dienen?
Diese beiden Fragen hängen so eng miteinander zusammen, daß ich sie nicht isoliert voneinander betrachten kann.
Das Wort „Sachrechnen" ist jedenfalls irreführend insofern, als es suggeriert, es handele sich um eine spezielle Art des Rechnens, um ein Rechnen mit Sachen, was immer „Sachen" sein mögen (Bender 1984). Rechnen ist

im wesentlichen ein algorithmisches Arbeiten, das darin besteht, aus gegebenen Daten (Zahlen) nach einem festen Verfahren (Rezept, Programm) ein gesuchtes Datum (eine Zahl) auszurechnen. Der Witz ist dabei gerade, daß es — wenn man das Rezept erst einmal im Kopf hat — möglichst automatisch, ohne weitere bewußte, verstandesmäßige Kontrolle abläuft. (Menschliche Rechner sind übrigens erfreulicherweise nur bedingt zur Automation fähig und darin den elektronischen Taschenrechnern weit unterlegen). Die Lösung einer Sachaufgabe läßt sich aber in der Regel eben nicht auf rechnerisch-algorithmische Momente reduzieren. Gleichwohl ist in der Vergangenheit (und Gegenwart) immer wieder versucht worden, das Sachrechnen wie eine Rechnungsart, wie einen Kalkül oder Algorithmus, unterrichtlich zu entwickeln. Man erkennt das allein schon an den Unterteilungen in

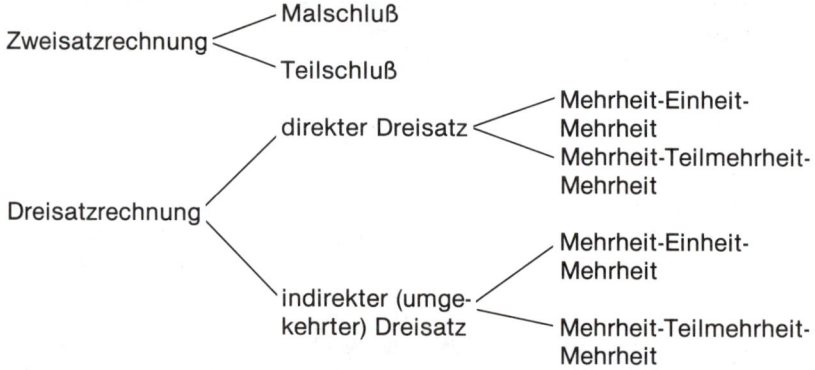

Verhältnisrechnung, Mischungsrechnung, Gewinn- u. Verlustrechnung, Zinsrechnung usw. Die Intention dieser Bemühungen war und ist dabei durchaus honorig: Das Sachrechnen soll sich nicht im Abarbeiten einer Sammlung unzusammenhängender Aufgaben verlieren, und der Schüler soll nicht immer nur jeweils auf seine Intuition, einen glücklichen Einfall, angewiesen sein (was man zudem schwächeren Schülern kaum zutrauen könne). Vielmehr sollte und soll das Sachrechnen planmäßig, systematisch entwickelt werden, wobei insbesondere die Prinzipien „vom Einfachen zum Zusammengesetzten", „der kleinen und kleinsten Schritte" und „der Isolierung der Schwierigkeiten" bemüht wurden und die Art und Zusammensetzung der Rechenoperationen als Aufbauprinzip dienten und dienen. Dieses algorithmische, regelhafte Konzept sehen wir schon bei Adam Riese (1492—1559), wenn er z.B. den Dreisatz so einführt:

„Regula Detri.
Ist ein Regel vonn dreien dingen/setz hinden das du wissen wilt/würdt die frag geheyssen/. Das ihm under den andern zweyen am namen gleich ist

setz forn/vn das ein ander ding bedeut mitten/. Darnach multiplicir das hinden unnd mitten steht durcheinander/das darauß kompt theyle ab mit dem fordern/so hastu wie thewer das dritt kompt/ unnd das selbig ist am namen gleich den mitteln/ als hie in volgende exempel." (Rysen 1525, S. 26)

Beispiel (mit heutigen Maßen!): Was kosten 7 m Tuch, wenn 12 m Tuch 372 DM kosten?

Meter	DM	Meter
12	372	7

1. Was hinten und in der Mitte steht, multiplizieren:

$$372 \cdot 7 = 2604$$

2. Das Ergebnis von 1. durch das teilen, was vorn steht:

$$2604 : 12 = 217$$

3. Das Ergebnis von 2. hat denselben Namen wie das mittlere, also 217 DM („Facit").

Als „Proba" empfiehlt Riese noch, die obige Regel auf

Meter	DM	Meter
7	217	12

anzuwenden, also hier $(217 \cdot 12) : 7$ zu rechnen, was wieder 372 liefern müsse.

Die pädagogische Absicht dieses Regelansatzes kann — wie gesagt — nur positiv bewertet werden, ist es doch der Versuch, der breiten Masse (und eben nicht nur mathematisch Begabten oder Interessierten) etwas Greifbares zu vermitteln, etwas, das in praktischen Lebensfällen angewandt werden kann („ . . . damit der arme gemeyne Mann nicht übersetzt (betrogen) werde", Riese in einem unveröffentlichten Manuskript).
Jedoch greift der Regelansatz mit seiner Reduktion auf das Ausrechnen des Ergebnisses schon deshalb zu kurz, weil ja im konkreten Fall gar nicht klar ist, um welchen Aufgabentyp es sich handelt, welche Regel also anzuwenden ist. Das Schwierige ist nicht (oder weniger) das Ausrechnen, sondern das Verstehen der Sachsituation, und hier müssen die stärkeren didaktischen Bemühungen einsetzen.
Eine Folge des Regelansatzes, der ja keineswegs in der Schulpraxis überwunden ist, ist die Einstellung vieler Schüler, rasch zum Rechnen zu kommen und ein Ergebnis zu produzieren. Notfalls wird dann eine Rechenoperation auf gut Glück (Lieber irgendetwas rechnen als gar nichts tun, lieber eine falsche Zahl als gar keine!) oder auf Grund von Strategien des „heimlichen Lehrplans" gewählt, etwa: Wenn 3 größere Zahlen gegeben sind, dann werden sie addiert. Wenn 2 kleinere Zahlen vorkommen, dann werden sie miteinander multipliziert (Bremer/Dahlke 1980, S. 19). Hier ein besonders krasser Fall von „Rechenfixiertheit": Die Aufgabe
„Die letzten Weihnachtsferien begannen am 23.12.1977, das war der erste Ferientag. Die Weihnachtsferien endeten am 8.1.1978, das war der letzte Ferientag. Wieviele Tage dauerten die Weihnachtsferien?"

wurde in einem schriftlichen Test nur von 16% der beteiligten 1120 Viert-
kläßler richtig gelöst (die häufigste Fehllösung war 16 Tage!), und nicht weniger als 65 Schüler (6%) produzierten Lösungen von dieser Art:

$$\begin{array}{r} 23.\,12. \\ -\;\;8.\;\;1. \\ \hline 15.\,11. \end{array}$$
"Die Ferien dauerten 15 Tage und 11 Stunden"

Man wundert sich darüber nicht mehr so besonders, wenn man hört, daß eine Lehrerin zurückfragte, ob in dieser Aufgabe der Dezember "wie in der
Zinsrechnung mit 30 Tagen gerechnet" (!) werde, daß einige Lehrer die Lösung 16 Tage als "im wesentlichen richtig" bewerten wollten und daß mehrere Lehrer diese Aufgabe als Fang-Aufgabe ablehnten!
Daß der Unterricht verbreitet Regel und Rechnen überbetont, zeigt sich
auch überdeutlich darin, daß Kinder mit längerer Schulerfahrung sogenannte "Kapitänsaufgaben" nicht so gut als solche identifizieren wie Kin-
dergartenkinder oder Kinder der ersten Klassen. Kapitänsaufgaben sind
von der Art: "Ein Schiff ist 70 m lang und 30 m breit. Wie alt ist der
Kapitän?" Oder: "In der Kasse einer Zeitungsbude sind am Abend 750 DM.
Der Zeitungshändler hat heute 150 Zeitungen weniger verkauft als
gestern." (Stelle eine Frage und beantworte sie). Über 70% von 50 Kindern
einer 4. Klasse rechneten bei der letzten Aufgabe etwas aus (750 - 150, 750
+ 150 u.ä.). Eine Tendenz über das Verhalten von Grundschülern gegenüber "Kapitänsaufgaben" zeigen diese Zahlen eines Versuchs (Radatz
1983, S. 214):

Versuchsgruppen Schuljahr/Gruppe	Kindergarten 1. Klasse	2. Kl.	3./4. Kl.	3. Kl.	4. Kl.	5. Kl.
%-Satz von Berechnungsversuchen	10,7	31,7	70,7	54	58,3	45,8

Jüngere Kinder denken also mehr über die Sache nach als schulerfahrene
Kinder!
Sachrechnen ist mehr, etwas anderes als "Rechnen mit Sachen". Das wird
noch deutlicher, wenn auch Aufgaben einbezogen werden,
— die u.U. keine Lösung oder mehrere Lösungen haben,
— deren Bearbeiten überhaupt kein Rechnen oder ein ad hoc zu ent-
  wickelndes Rechnen erfordern,
— deren Antwort keine Zahl, sondern eine Zeichnung, eine Tabelle, eine
  "Formel", eine Messung, . . . ist.
Wenn schon das Wort "Sachrechnen" erhalten bleiben soll, dann jedenfalls sollte der Schwerpunkt auf dem Anteil "Sache" liegen (Bender 1984).

2. Funktionen des Sachrechnens

Eine genauere Begriffsbestimmung von „Sachrechnen", wie sie in diesem Band benutzt wird, geht indirekt aus der Beschreibung der didaktischen *Funktionen des Sachrechnens* hervor.

Man kann die folgenden drei — allerdings nicht säuberlich voneinander trennbaren — didaktischen Sinngebungen unterscheiden (Winter 1981):
— Sachrechnen als Lernstoff
— Sachrechnen als Lernprinzip
— Sachrechnen als Lernziel: Befähigung zur Erschließung der Umwelt.

2.1 Sachrechnen als Lernstoff

Es gibt einen weiten Konsens, daß der sachrechnerische Stoff auf jeden Fall die „bürgerlichen Größen" Stückzahlen, Geldbeträge, Längen, Zeitspannen, Gewichte, Temperaturen und (in ersten Ansätzen) Flächen- und Rauminhalte umfassen muß. Das ist seit langer Zeit kanonischer Inhalt in der Grundschule. Darüber hinaus beginnen in jüngerer Zeit elementare Verfahren und Begriffe der Statistik in die Schule zu dringen, und zwar als Ergänzung zum „bürgerlichen Rechnen" (vgl. z.B. den neuen Lehrplan von Nordrhein-Westfalen).

Im Vordergrund der „Größenlehre" und Statistik stehen
— Zählen / Messen / Schätzen als Methoden zum *Gewinnen von Daten* (Meßwerten / Größen)
— Kennenlernen der Maßsysteme und Verankern von Stützpunktswissen über Größen
— Modellieren, Zeichnen und Symbolisieren als Methoden des *Darstellens von Daten* (dabei auch „Sortenumwandlung")
— Sortieren, Anordnen von Daten, Rechnen mit Größen (auch Mittelwerte bestimmen) als Formen der *Verarbeitung von Daten*.

Zählen ist die erste und wirkliche fundamentale mathematische Auseinandersetzung des Kindes mit der Welt. Auf Zählaufgaben im Schulanfang führen Fragen wie: Haben wir mehr Jungen als Mädchen? In welcher Straße wohnen die meisten Kinder? Wieviele Kinder kommen mit dem Bus? Welches ist das Lieblingsgetränk der Kinder bei uns? usw. Aber auch in den weiteren Schuljahren muß das praktische Zählen immer wieder geübt werden, z.B.: Wieviele Schultage haben wir in diesem Kalenderjahr? Wieviele Körner sind in einer Weizenähre? Wieviele Ziegel liegen auf diesem Dach? Von besonderem Interesse sind strukturiertes Zählen, indirektes Zählen (über Hilfsmaßnahmen) und Auszählen von Möglichkeiten (also von nicht real vorhandenen Dingen). Beim strukturierten Zählen werden Gesetzmäßigkeiten oder Muster der Situation genutzt, z.B. beim Auszählen der Fen-

ster eines Hochhauses beachtet man die Gliederung der Stockwerke. Beim Auszählen von Geldbeträgen nutzt man die Sorteneinteilung der Münzen / Scheine. Indirektes Zählen ist erforderlich, wenn man an die Gegenstände gar nicht oder nur sehr mühsam herankommt oder wenn es sehr viele Gegenstände sind und ein Schätzwert genügt (Stichprobenverfahren).
Beispiele: Wieviele Erbsen sind in einer Konservendose? Man zählt 100 Erbsen ab, wiegt sie, wiegt alle Erbsen der Dose und rechnet die ungefähre Anzahl aus.
Wieviele Telefonanschlüsse gibt es in unserer Gemeinde? Man zählt die Anschlüsse auf einer Seite unseres Telefonbuches und die Anzahl der Seiten. Das Auszählen von Möglichkeiten wird wahrscheinlich am wenigsten in der Schule praktiziert, dabei ist es von besonderem Wert für das Verstehen von Wirklichkeit.
Wieviele Möglichkeiten gibt es, z.B. ein Eis mit 3 Bällchen auszuwählen, wenn 4 Sorten zur Verfügung stehen? Vorschnelles Rechnen führt hier mit Sicherheit zu Unsinn, vielmehr muß aus der Analyse der Situation heraus eine Zählstrategie entwickelt werden, etwa so: Es gibt die Sorten E (Erdbeereis), H (Himbeer), S (Schokolade) und Z (Zitrone). Ein Dreier-Eis kann dann z.B. EEZ oder HZE oder SSS oder . . . sein. Alle Möglichkeiten findet man, wenn man planmäßig zusammenstellt, etwa so

EEE	EEH	EHH	HHH	HHS	HSS	SSS	SSZ	ZZZ
	EES	EHS		HHZ	HSZ		SZZ	
	EEZ	EHZ			HZZ			
		ESS						
		ESZ						
		EZZ						
	10	+		6	+		3	+	1 = 20

alle Möglichkeiten   alle Möglichkeiten ohne Erdbeereis
mit Erdbeereis

Und wieviele Möglichkeiten gäbe es bei 5 Sorten und 3 Bällchen oder bei 4 Sorten und 4 Bällchen?

Messen ist das Herzstück beim Aufbau von Vorstellungen über Größen. Das praktische Messen mit Zollstöcken, Uhren, Waagen, Meßbechern usw. darf nicht zu kurz kommen oder gar ganz dem Sachunterricht überantwortet werden (gut ist, wenn Mathematik- und Sachunterricht in einer Hand liegen). Wichtig hierbei ist, daß die Schüler mit ihren Sinnen beteiligt sind (sehen, hören, tasten, heben, . . .) und die Meßobjekte interessant erscheinen. Was kann man z.B. (mit dem Schneidermaß) an sich selbst messen (Körpergröße, Halsweite, Armlänge, Schulterbreite, Beinlänge, Schrittlänge, Hüftweite, Wadenweite, Fußlänge, Fingerdicke usw.)? Dabei können Proportionen bewußt gemacht (Wo ist die „Mitte" des Körpers? Wievielmal ist die Kopfgröße in der Körpergröße enthalten? usw.), also das Sehen von Erscheinungen unserer Umwelt verbessert werden. Wie Längen, so müssen auch andere Größen möglichst mit dem Leib und am Leib erfahren werden. Zeitspannen z.B. durch lautes Zählen, durch Zählen der Pulsschläge, der Atemzüge; Gewichte durch Heben und vergleichendes „Hebeln" von Gegenständen mit den Armen; Geldbeträge durch Verkaufsspiele mit Rechengeld; Flächeninhalte durch Ermitteln der Größe des benötigten Hemdenstoffs (Papierhemd anfertigen!), oder durch Messen von Flächen mit der Handfläche, Rauminhalte durch Ermitteln des täglichen Eß- und Trinkvolumens usw. Nirgendwo habe ich bisher die Aufgabe gefunden: Wieviel Raum nehme ich ein, d.h. viewiel Liter groß bin ich?

Mit dem Messen lernen die Kinder gleichzeitig passende Meßgeräte kennen und handhaben. Das können selbst angefertigte Geräte oder offizielle sein. Dabei muß herauskommen, daß Messen immer ein multiplikatives (!) Vergleichen von zwei Größen derselben Art ist (wobei eine davon als Bezugsgröße, als Einheit, gewählt wird). So ist die Aussage „Länge des Hofes = 65 mal die Länge eines Schrittes von Ursel" ebenso die Mitteilung eines Meßresultats wie „Länge des Hofes = 52 m". Es ist allerdings Krampf, wenn man glaubt, man müsse in der Schule das Messen gemäß der geschichtlichen Genese ab ovo entwickeln; die Kinder haben doch schon Erfahrungen mit Metern, Sekunden und Kilogramms usw.

Beim praktischen Messen soll auch erfahren werden, daß man die Bezugsgröße, die Vergleichseinheit passend wählt. Den Durchmesser einer Münze mißt man nicht in km und die Entfernung zweier Städte nicht in mm, und es muß klar werden, warum das so ist: Gemessene Größe und Bezugsgröße sollen in einem möglichst übersichtlichen Verhältnis zueinander stehen, d.h. es sollen möglichst überschaubare Maßzahlen zustande kommen. Damit hängt auch die Frage der wünschenswerten und möglichen Meßgenauigkeit und Zuverlässigkeit der Messung zusammen. Wie genau soll man, wie genau kann man messen? Wenn die Körperlänge gemessen wird, so reicht (für die alltäglichen Belange) Zentimetergenauigkeit. Wird umgekehrt festgestellt, daß ein Kind 1,42 m groß ist, so ist damit auch mitgeteilt, daß die wirkliche Größe bis zu $1/2$ cm darunter oder darüber liegen kann. Man könnte also keineswegs daraus schließen, daß das Kind genau 1420 mm groß ist, das ist eine ganz andere Meßmitteilung. Also kann man Meßergebnisse nicht naiv in kleinere Sorten umwandeln.

Eine besondere Rolle spielen Geldwerte. Hier ist die Erfahrung unbedingt notwendig, daß der Geldwert von etwas eben nicht so gemessen werden kann wie etwa das Gewicht oder der Rauminhalt (Keitel 1979). Vielmehr wird der Geldwert einer Ware oder Dienstleistung unter Menschen vereinbart oder ausgehandelt, oft streitbar.

Wenn es also heißt „Diese Menge Milch kostet 1,20 DM", so ist das weltweit von der Aussage „Diese Menge Milch wiegt 1 kg" entfernt: Das Gewicht kann jeder messend überprüfen und bleibt dasselbe über die Zeit, während Geldwerte erheblich schwanken können. Geldwerte spielen im

Sachrechnen eine überragende Rolle (mit einigem Recht), aber ich kenne kein Schulbuch, in dem dieser Gedanke der gesellschaftlichen Bestimmtheit auch nur anklingt. Zwar gibt es massenhaft Aufgaben über das Steigen und Fallen von Preisen und Löhnen, aber es wird nicht bewußt gemacht, daß dies Menschenswerk ist, dagegen Gewichte, Längen usw. in der Natur festliegen.

Wie beim Zählen gibt es auch beim Messen indirekte Methoden. So messen wir Zeitspannen — Zeiträume sind von allen Größen am schwersten zu fassen! — über die Anzahl von regelmäßig wiederkehrenden Geschehnissen (Pendelschläge, Tag-Nacht-Wechsel) oder über die Längenunterschiede von Schatten (Sonnenuhr) oder über Rauminhalte von Sand (Sanduhr). Die Länge von Strecken wird oft über die Zeitspanne gemessen, die man (bei fester Geschwindigkeit) benötigt, um die Strecke zurückzulegen: „Ich wohne 5 Minuten von der Schule entfernt". Der Meßbecher in der Küche dient dazu, das aufwendige Wiegen zu ersparen. Oft reichen die Meßinstrumente nicht aus. Wie dick ist eine Postkarte? Wir legen (am Postschalter) 50 übereinander und messen die Dicke dieses Stoßes.

Schätzen ist eine Tätigkeit, die in der Schulpraxis bisher kaum in ihrer Bedeutung gewürdigt worden ist, sogar auch nicht im traditionellen Rechnen, wenn es sich gänzlich dem „sachrechnerischen Prinzip" verpflichtet fühlte. Das liegt wohl hauptsächlich an einer Art Genauigkeitsideologie (die auch noch unmathematisch ist), wonach nur ziffernmäßig richtige Resultate von Belang sind, und an der Komplexität des Schätzvorganges, der sich nicht auf Rezeptartiges reduzieren läßt. Ein (scheinbar) einfaches Beispiel ist das Schätzen des Gewichts einer Banane. „Hier ist eine Banane. Schätze, wie schwer sie ist." Um die Aufgabe zu lösen, muß der Schüler auf Vorerfahrungen zurückgreifen, also sein Langzeitgedächtnis bemühen. Wenn dort nichts Passendes ist, kann nur noch geschwiegen oder geraten werden. Schätzen ist jedenfalls kein blindes Raten. Der Schüler vergleicht zum Schätzen die Banane mit Gegenständen, deren Gewicht er kennt. Er könnte z.B. wissen, daß ein Paket Zucker 1 kg wiegt, und er kann durch vorgestelltes Vergleichen zu dem Schluß (!) kommen, daß etwa 4—5 Bananen so schwer wie ein Paket Zucker sind, eine Banane also etwa 200 g bis 250 g wiegt. Auch die Schätzung, weniger als 1 kg und mehr als 100 g (Tafel Schokolade!) ist vernünftig. Eine komplexere Schätzaufgabe ist: „Wieviele Mathematikstunden erlebst du im Laufe eines Jahres?" Es kann so kalkuliert werden: Das Jahr hat 52 Wochen, davon sind etwa $2 + 3 + 1 + 7 + 1 = 14$ Wochen Ferien (Weihnachten, Ostern, Pfingsten, Sommer, Herbst), also bleiben 38 Wochen. Davon gehen für Feiertage (1. Mai usw.) und freie Samstage noch einmal etwa 3 Wochen ab, es bleiben somit rund 35 Schulwochen, und in jeder haben wir 4 (5) Stunden Mathematik, so daß sich aufs ganze Jahr etwa 140 (180) Mathestunden ergeben. Man kann weiter überlegen: Würden in jeder Stunde etwa 5 Aufgaben gelöst, so wären das rd. 700 (900) Aufgaben. Und wieviele stehen im Schulbuch? usw.

Jedenfalls besteht ein solches Schätzen aus einem komplizierten Zusammenspiel von Wahrnehmen, Erinnern, Inbeziehungsetzen, Runden und Rechnen. Im Alltag ist Schätzenkönnen äußerst wertvoll und oft auf die unsichere Zukunft bezogen: Welche Schulden kann ich mir aufhalsen? Wieviel Arbeit kann ich mir vornehmen? Wie lange wird der Ölvorrat reichen? Wann werde ich starten müssen, wenn ich um 18 Uhr in Minden sein will? usw.

Allmählich soll sich bei den Schülern ein Urteilsvermögen darüber bilden, wann mehr oder weniger grobe Schätzungen und wann exakte Werte sinnvoll sind. Es hängt von den Interessen ab.

Der Eismann vor dem Schulgebäude interessiert sich nur für die Größenordnung der Schülerzahl, wenn er disponiert; der Schulleiter dagegen für die genaue Zahl, u.U. ist ein Schüler mehr oder weniger wichtig für die Stellenbesetzung.

Beim *Kennenlernen der Maßsysteme* ist eines der wichtigsten Teilziele, realistische Vorstellungen über Größen aufzubauen. In einer Befragung von 388 Vierkläßlern (14 Schulklassen) im Jahre 1976 konnten nur rd. 60% die Körpergröße eines erwachsenen Mannes zutreffend einschätzen, es gab Werte von 26 cm bis 1840 cm, 40% der Schüler schätzten die Länge eines PKW-Parkplatzes auf „unter 3 m" ein (auch 3 cm, 4 cm, 10 cm!), 60% meinten, 1 Brötchen wiege weniger als 10 g, 32% erkannten das Stopschild als 6-eckig, 97% wußten nicht, wieviele Wochen zwischen Ostern und Pfingsten desselben Jahres liegen usw. Damit (und mit anderen Befunden) darf man annehmen, daß in der Grundschule der Realitätsbezug der Größenlehre zu schwach entwickelt ist. Realistische Vorstellungen entwickeln sich nicht von selbst und auch nicht über viele formale Sortenumwandlungsaufgaben.

Es muß ein Repertoire von Stützpunktvorstellungen regelrecht gedächtnismäßig eingeübt werden, das dann immer wieder beim Lösen von Sachaufgaben herangezogen werden kann und muß. Dabei sollte auf eigene leibliche Erfahrbarkeit Wert gelegt werden. Beispiele für Längen:

  1 cm Fingernagelbreite, Lesebuchdicke, Spielwürfelhöhe
 10 cm Daumen-Zeigefinger-Spanne, Länge eines Butterpakets, Breite einer Postkarte
  1 m großer Kinderschritt, Höhe der Wandtafel
 10 m 4 mal Zimmerhöhe; Länge von 2 Parkplätzen hintereinander
100 m Länge eines Fußballfeldes; doppelte Länge des Schwimmbeckens im Freibad
  1 km Entfernung Kaiserplatz — Josefskirche; Weg, für den ich 20 Minuten Gehzeit brauche, 2 $\frac{1}{2}$mal um das Stadion.

Wenn Größen wechselseitig aufeinander bezogen werden, so kann diese Vernetzung das Vorstellen und Behalten stützen.

Realistische Vorstellungen von 1000 DM können z.B. entstehen, wenn erfaßt wird, daß man dafür fast 2 Jahre lang sparen müßte bei wöchentlich 10

DM Spargeld, daß die Strecke 200 · 120 mm = 24 m lang wäre, wenn man 1000 DM in 5-DM-Scheinen hintereinander auslegte, daß man dafür etwa 4 Staubsauger oder 2 Wäschetrockner oder 1 Fernsehgerät oder 20 Taschenrechner oder . . . kaufen könnte, oder als Junge dafür etwa 150 mal die Haare schneiden lassen könnte (wieviel Jahre reicht das?), daß jedes von 25 Kindern der Klasse 40 Mark mitbringen müßte, um 1000 DM als Spende für Afrika zusammenzubekommen usw.

Das *Darstellen von Größen* dient dazu, sie dem denkenden Wahrnehmen zugänglicher zu machen, was umso wichtiger wird, je sperriger, größer und zahlreicher die Werte sind. Geht es z.B. um die Einwohnerzahl großer rheinischer Städte (gerundet, Stand Juni 1983), wie

Aachen	244000
Bonn	293000
Düsseldorf	580000
Duisburg	542000
Köln	953000
Krefeld	222000,

so können wir uns durch ein Turmmodell eine bessere Vorstellung verschaffen: Für je 10000 Einwohner legen wir einen Stein des Damespiels (oder bauen mit Legosteinen o.ä.), so daß die Einwohnerzahlen (gerundet!) sich in den Turmhöhen eindrucksvoll spiegeln und dem vergleichenden Erfassen zugänglicher werden. Für zeichnerische Darstellungen eignet sich das Kästchenpapier des Rechenheftes, bei höheren Ansprüchen Millimeterpapier. Piktogramme und Illustrationen können — wegen der Vernetzung mit Alltagsvorstellungen — ausgezeichnete Vorstellungsstützen sein. Anregungen findet man z.B. in Zeitungen und Zeitschriften. Auf jeden Fall erhöht es die sachrechnerische Kompetenz, wenn die Schüler einfache Diagramme (Balkendiagramme, Zahlenstrahl, Punktbilder) anfertigen und lesen lernen. Die wichtigste Darstellung von Größen ist die symbolische, also die in Ziffern und Zeichen, wie 2019 Stück, 3,025 kg, 418 m, 8,25 DM, 3 $\frac{1}{4}$ Std. usw. Sie ist aber auch die anspruchsvollste beim Ent- und Verschlüsseln. Formales Sortenumwandeln, so notwendig auch dies ist, reicht nicht aus, wenn der Informationsgehalt einer Größenangabe erfaßt werden soll, was ja in Sachaufgaben unabdingbar ist. Die meisten Maßsysteme sind dezimal, so daß die Entwicklung von Größenvorstellungen und der Abbau des Zahlenraumes Hand in Hand gehen können und sollten. Es empfiehlt sich, die Entschlüsselung und Sortenumwandlung mit einem (gedanklichen, idealen) Meßprozeß zu verknüpfen. Bei 418 m also:

Hätte ich die Strecke mit einer 100-m-Stange gemessen, so hätte ich sie 4 mal abtragen müssen, und es wäre ein Stück (kleiner als der 5. Teil einer 100-m-Stange) übrig geblieben. Hätte ich die Strecke mit einer 10-m-Stange gemessen, dann hätte ich diese 41 mal abtragen müssen, und es wäre noch ein Stück (fast so lang wie eine 10-m-Stange) übrig geblieben. Hätte ich sie mit einem 1-cm-Stängchen gemessen, so hätte ich diese 41800 mal abtragen müssen, für jeden Meter 100 mal, also insgesamt 418·100 = 41 800 mal. Ähnlich die Ausdeutung von 3,025 kg: Beim Auswiegen mit 10-g-Steinen 302 Stück, mit 1-g-Steinen 3025 Stück.

Sind Größenangaben über einem Wirklichkeitsbereich bekannt, so kann man — in der Regel von vorgegebenen Fragestellungen gesteuert — diese Informationen auf verschiedene Arten *weiterverarbeiten*. Kennt man z.B. die Weitsprung-Leistungen von Kindern auf einem Sportfest, wie sie diese Listen zeigen,

Schüler	Weite in m	Schülerin	Weite in m
Stefan	2,63	Stefanie	2,58
Joachim	2,55	Verena	2,82
Roland	3,36	Iris	2,74
Jörg	2,87	Sandra	2,58
Markus	2,95	Juliane	3,10
André	3,28	Miriam	2,75
Arno	3,40	Judith	2,40
Marco	3,22	Tanja K.	2,48
Sascha	3,15	Sabine	2,90
Rüdiger	3,28	Marina	3,02
Mark	3,47	Tanja N.	2,36
		Anne	2,95
		Nicola	2,50
(4. Kl. der Grundschule Wenden-		Andrea	3,32
Ottfingen, Sept. 1984)		Heike	2,70
		Karin	2,46

so bieten sich u.a. folgende Fragestellungen / Aktivitäten an:
Welches ist der weiteste / kürzeste Sprung der Jungen / Mädchen / Kinder? Es müssen alle Werte vergleichend durchlaufen werden (Übung im dezimalen Entschlüsseln!).

	Jungen	Mädchen	Kinder
Kürzester Sprung	2,55 m	2,36 m	2,36 m
Weitester Sprung	3,47 m	3,32 m	3,47 m

Wieviele Jungen / Mädchen / Kinder sprangen weiter als 2,80 m und weniger weit als 3,40 m?
Wieder muß die Datensammlung aufmerksam durchlaufen werden.

Jungen	7 von 11
Mädchen	6 von 16
Kinder	13 von 27

Welche Werte erreichte der Junge / das Mädchen / das Kind, der / die / das in der Mitte stünde, wenn wir die Jungen / Mädchen / Kinder ihrer Weite nach in einer Reihe aufstellten? Das ist die Frage nach dem Zentralwert (oder Median). Die Listen werden umgeordnet, eine aufwendige, aber lohnenswerte Aktivität:

Jungen		Mädchen		alle Kinder	
Joachim	2,55	Tanja N.	2,36	Tanja N.	2,36
Stefan	2,63	Judith	2,40	Judith	2,40
Jörg	2,87	Karin	2,46	Karin	2,46
Markus	2,95	Tanja K.	2,48	Tanja K.	2,48
Sascha	3,15	Nicola	2,50	Nicola	2,50
Marco	**3,22**	Stefanie	2,58	Joachim	2,55
André	3,28	Sandra	2,58	Stefanie	2,58
Rüdiger	3,28	Heike	2,70	Sandra	2,58
Roland	3,36		**2,72**	Stefan	2,63
Arno	3,40	Iris	2,74	Heike	2,70
Maik	3,47	Miriam	2,75	Iris	2,74
		Verena	2,82	Miriam	2,75
		Sabine	2,90	Verena	2,82
		Anne	2,95	Jörg	**2,87**
		Marina	3,02	Sabine	2,90
		Juliane	3,10	Anne	2,95
		Andrea	3,32	Markus	2,95
				Marina	3,02
				Juliane	3,10
				Sascha	3,15
				Marco	3,22
				André	3,28
Der Zentralwert ist jeweils				Rüdiger	3,28
fett gedruckt.				Andrea	3,32
				Roland	3,36
				Arno	3,40
				Maik	3,47

Die geordneten Listen werfen uns zahlreiche Aussagen in den Schoß: Der Zentralwert bei den Jungen ist 3,22 m, 50 cm höher als bei den Mädchen (dort liegt er in der Mitte zwischen 2,70 und 2,74 m), und für alle Kinder beträgt er 2,87 m (13 Kinder sprangen weiter als Jörg, und 13 Kinder sprangen nicht so weit wie er). In der „schlechteren Hälfte" aller Kinder sind nur 2 Jungen, aber 11 Mädchen. Aber immerhin sprang Andrea weiter als 8 der 11 Jungen. —

Wo liegen die meisten Werte aller Kinder? So um 2,90 m herum, ja? Das ist zu ungenau gefragt. Suche einen 30 cm langen Abschnitt, in den die meisten Kinder sprangen. Von 2,36 m bis 2,66 m weit sprangen 9 Kinder, von 2,40 m bis 2,70 m weit sprangen wiederum 9 Kinder, von 2,46 m bis 2,76 m sprangen 10 Kinder usw., wir finden keinen Abschnitt mit mehr als 10 Kindern. —

Wir können zur besseren Übersicht die Jungen / Mädchen / Kinder sortieren, und die Ergebnisse in Strichlisten zeigen:

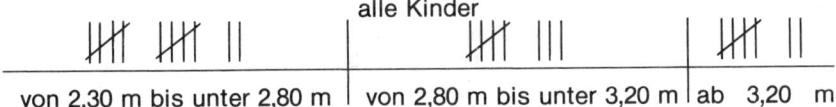

alle Kinder

‖‖ ‖‖ ‖	‖‖ ‖‖	‖‖ ‖
von 2,30 m bis unter 2,80 m	von 2,80 m bis unter 3,20 m	ab 3,20 m

Natürlich können wir auch anders sortieren, z.B. in 5 Sorten. Wie weit sprangen die Jungen / Mädchen / Kinder im Durchschnitt? Der Durchschnittswert ist ein gedachter Ausgleichswert: Welchen Wert bekommen wir, wenn wir die Werte auf einen einzigen Wert ausgleichen, die hohen Werte also kleiner und die niedrigen höher machen? Wir können dazu alle Werte zusammensetzen und dann durch die Anzahl der Werte (Kinder) teilen.

Durchschnittswerte
Jungen   34,16 m : 11 = 3,11 m (rd.)
Mädchen   43,66 m : 16 = 2,73 m (rd.)
Kinder   77,82 m : 27 = 2,88 m (rd.)

Wir vergleichen die Zentralwerte mit den Durchschnittswerten. Bei den Jungen ist ein größerer Unterschied.
Hat das etwas zu bedeuten? Wir schauen uns dies an einem Bild an und sehen,

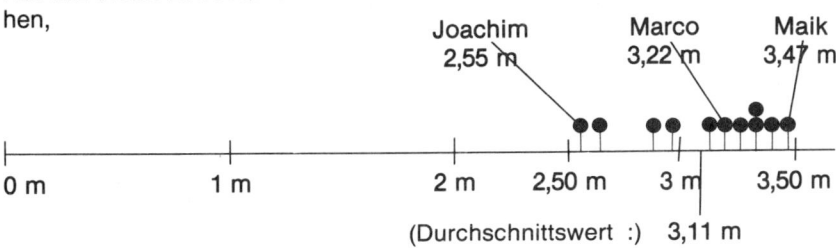

(Durchschnittswert :)   3,11 m

daß die niedrigen Werte zu stark von der Masse abweichen, damit den Durschnitt herunterziehen.
Dies ist ein anspruchsvolles Beispiel für das Verarbeiten von statistischen Daten, das ich deshalb etwas ausführlicher geschildert habe, weil elementare statistische Verfahren neu in der Grundschule sind.
Eine „klassische" Verarbeitung von Daten haben wir beim Dreisatz. Hier genügt die Angabe einer Größe, etwa der Preis pro Stück einer Ware, und man kann daraus weitere Daten produzieren, allerdings mit der oft nicht genügend geklärten Unterstellung, daß „Preis pro Stück" bedeutet: Für *jedes* gekaufte Stück dieser Ware muß dieser bestimmte Preis bezahlt werden. Nur so funktioniert das Schließen der Schlußrechnung. Es besteht kein logischer Zwang, für 10 Eier 3 DM zu bezahlen, wenn für 1 Ei 30 Pf verlangt werden, und es gibt ja auch andere Verkaufsregeln in der Praxis (Mengenrabatt gewähren; feilschen!).

Erst durch die ausdrückliche Vereinbarung „Für *jedes* Ei muß . . ." wird erzwungen, daß man für das Doppelte, . . ., Zehnfache der Ware auch den doppelten, . . ., zehnfachen Preis bezahlen muß.
Es gibt zahllose weitere Möglichkeiten, aus gegebenen Daten neue Daten abzuleiten, rein rechnerisch sind da keine Grenzen gesetzt. Der springende Punkt ist aber in der Schule, die neuen Daten als Antworten auf situationsorientierte Fragen aus den gegebenen Daten einsichtig zu entwickeln. Die folgende Tabelle enthält einige wichtige Situationstypen für die Verarbeitung von Größen.

Insgesamt geht es beim Sachrechnen als Lernstoff darum, Wissen über Größen und Fertigkeiten im Umgang mit Größen aufzubauen. Diese Bemühungen ergeben aber nur Sinn, wenn sie eingebettet werden in die umgreifendere pädagogische Zielvorstellung, sachrechnerische Fähigkeiten im Rahmen eines Beitrages zur Denkentwicklung der Schüler und zur Erschließung ihrer Umwelt anzustreben.

Situationstyp	Operation	Beispiel
Wachsen von a um b	a + b = x	Der Urlaub sollte 17 Tage dauern, er wurde um 5 Tage verlängert. Wie lange dauerte er schließlich?
Wachsen von a auf b	a + x = b x = b — a	Im August hatten wir 315 Kinder in unserer Schule, im Dezember waren es 329. Um wieviel war die Kinderzahl gestiegen?
Wachsen um a auf b	x + a = b x = b + a	Das Sparguthaben von Jörg stieg im Laufe des vergangenen Jahres um 128 DM auf jetzt 753 DM. Wie hoch war es vorher?
Vergleichen von a mit b	a — b = x b — a = y	Der Feldberg im Schwarzwald ist 1493 m hoch, die Zugspitze in den Alpen 2962 m. Wie groß ist der Höhenunterschied?
Verkleinern (Verändern) von a auf den b-ten Teil	a : b = x	Unser Klassenraum ist 6,40 m breit. Beim Zeichnen des Klassenraumes auf die Wandtafel nehmen wir davon den 10. Teil (Maßstab 1:10). Wie breit ist der Klassenraum auf der Zeichnung?
Messen von a durch (mit) b	a : b = x	200 Flaschen Sprudel sollen in Kästen von je 12 eingeordnet werden. Wieviele Kästen werden voll?
Verteilen von a auf b	a : b = x	Marinas Schulweg ist 1350 m lang, dazu brauchte sie heute 15 Minuten Zeit zum Gehen. Wie schnell ging sie durchschnittlich? (Wieviel m ging sie durchschnittlich pro Minute?)
Vermehren (Verändern) der Summe von a und b auf das c-fache	c·(a + b) = x c·a + c·b = x	Petras Vater arbeitet täglich 8 Stunden lang im Büro und für Hin- und Rückweg braucht er zusammen täglich 1 Stunde 20 Minuten. Wie lange ist er in einer Woche mit 5 Arbeitstagen wegen der Arbeit unterwegs?

2.2 Sachrechnen als Lernprinzip

Auf mindestens dreifache Weise kann der Bezug auf die reale Umwelt und den praktischen Erfahrungsbereich der Schüler der Entwicklung und Enfaltung mathematischer Fähigkeiten (als Teil der Allgemeinbildung) dienlich sein:

— Sachsituationen als Ausgangspunkte (Einstiege) von Lernprozessen,
— Verlebendigung, Verdeutlichung, Veranschaulichung von mathematischen Begriffen durch ihre Verkörperung in Sachsituationen und
— Sachaufgaben als Feld der Einübung mathematischer Begriffe und Verfahren.

Wo immer es sich anbietet, empfiehlt es sich, einen Lernprozeß mit der *Beobachtung eines umweltlichen Phänomens* zu versuchen, denn hierdurch wird die Wahrscheinlichkeit erhöht, daß eine größere Zahl von Schülern sich angesprochen (betroffen, weil es „ihre" Welt ist) und kundig fühlt. Worüber man etwas weiß, darüber möchte man am liebsten auch sprechen, vor allem dann, wenn man auch noch selbst als Gesprächsgegenstand fungiert. Phänomene als Ausgangspunkte von Lernprozessen mischen auch die Karten wieder neu: schwächere Schüler erhalten die Chance eines neuen Zugriffs. Lernen ist zudem nur als Weiterlernen denkbar (Vermehren, Vertiefen, Umordnen vorhandenen Wissens; Trainieren vorhandener Fertigkeitsansätze usw.) und erscheint umso erfolgsversprechender, je umfangreicher und besser organisiert die bisherigen Erfahrungen sind, und diese dürften bei den Schülern vornehmlich auf ihre Lebensumwelt bezogen sein. Auf der anderen Seite darf man durch einen umweltbezogenen Einstieg keinen Automatismus in der Motivation erwarten, da die angebotene Situation auf eine bestimmte Art betrachtet und damit anders (eben mathematisch) gesehen wird, indem ein mathematisches Modell entwickelt wird.

Ein Einstieg erscheint umso wirkungsvoller, je mehr er den Schülern einerseits vertraut, aber andererseits auch wieder in irgendeiner Form rätselhaft und befragenswert erscheint, je mehr er zum Handeln herausfordert und Handlungsspielraum gewährt und je tragfähiger er als Erfahrungsbereich des intendierten mathematischen Lerninhalts dienlich erscheint. Kurz: Der Einstieg soll möglichst vielen Schülern möglichst starke Anreize zum selbsttätigen, entdeckenden Lernen bieten.

Geht es z.B. in der 1. Klasse um den Erwerb der Sprech- und Schreibweise der Kleinerrelation zwischen Zahlen, so müßte der Einstieg grundlegende und bedeutungsvolle Vergleichs- und Anordnungserfahrungen der Schüler aufzugreifen versuchen. Dazu gehören die Urmuster des Gegensatzes
wenige — viele, klein — groß, niedrig — hoch, kurz — lang, eng — weit, schmal — breit, arm — reich, usw.,

spezifiziertere Vergleiche
>   weniger als, viel weniger als, fast gleich viel, genau so viele wie,
>   kleiner als, sehr viel kleiner als, ein bißchen kleiner als, usw.

serielle Muster
>   von ganz wenig bis sehr sehr viel,
>   von winzig klein bis riesig groß usw. und deren numerische Modellie-
>   rung in der Zahlenreihe.

Ein möglicher konkreter Einstieg könnte eine Befragung in der Klasse sein:
Was trinkst du am liebsten morgens zum Frühstück?

Milch,   Kakao,   Kinderkaffee,   Kindertee,   anderes?

Die Kinder entscheiden sich für eines, vielleicht schweren Herzens. Die
Klasse zerfällt so in Gruppen, und es wird diskutiert, verglichen, gezählt!
Wozu gehören viele, wenige, sehr viele, vielleicht fast alle?
Warum ist wohl . . . so beliebt? Wieviele Teetrinker, Milchtrinker, . . . haben
wir? Ist die Zahl der Kakaotrinker viel größer als die Zahl der Teetrinker?
usw. Mit Feldern und Plättchen (für Kinder) können wir die Situation modellieren und sprachlich und symbolisch darstellen, z.B.:

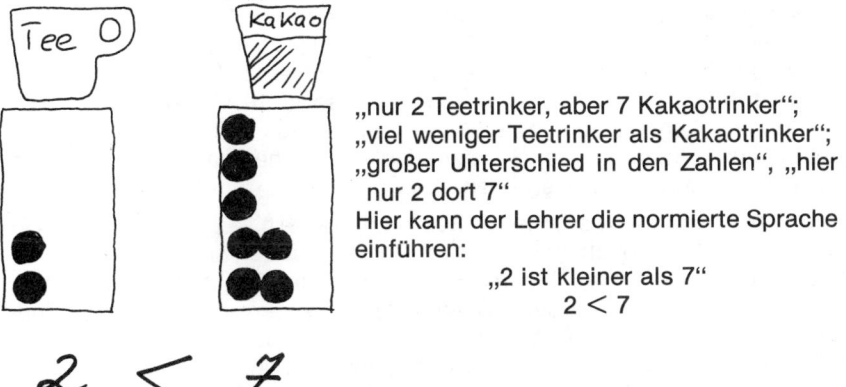

„nur 2 Teetrinker, aber 7 Kakaotrinker";
„viel weniger Teetrinker als Kakaotrinker";
„großer Unterschied in den Zahlen", „hier
nur 2 dort 7"
Hier kann der Lehrer die normierte Sprache
einführen:

„2 ist kleiner als 7"
$2 < 7$

Wir sprechen über das neue Zeichen. Wie kann man es sich leicht merken?
Wichtig sind Variationen, die handelnd mit sprachlicher Begleitung auch
ausgeführt werden und deren Ergebnisse schriftlich notiert werden, wobei

das Schreiben des Zeichens $<$ geübt wird, z.B.: Ein Teetrinker möchte ab morgen doch lieber Kakao trinken. Dann haben wir nur noch 1 Teetrinker und 8 Kakaotrinker, der Unterschied ist noch größer, 1 ist (sehr viel) kleiner als 8, $1 < 8$. Was ist, wenn 4 Kakaotrinker abspringen und Michtrinker werden? usw. Natürlich kann man die Situation noch konkreter ausgestalten, etwa entsprechend bemalte (Papp-)becher verwenden u.ä. Wichtig ist, daß die Situation genügend reichhaltig ist, um bisherige Erfahrungen und vorhandenes Wissen einbringen, aber auch um neue Erfahrungen und neues Wissen entwickeln zu können.

Der Schritt vom Phänomen, von der Sachsituation, zum mathematischen Modell ist keineswegs einfach, selbstverständlich, glatt oder gar zwangsläufig, wie es hier und in Schulbüchern erscheinen mag. Jedes Kind muß ihn allein tun. Was wohl in der Hand des Lehrers liegt, ist das Auswählen eines möglichst passenden Einstiegs und die Anregung zu Handlungen und Fragen.

Mit ziemlicher Bestimmtheit ist es möglich, jeden begrifflichen Zusammenhang der Schulmathematik *in realen Situationen zu verkörpern*, sei es in ganz alltäglichen, sei es in begrifflich schon teilweise strukturierten Situationen.

Der Eigenschaftsbegriff „Primzahl" erscheint verkörpert in Situationen mit Gruppen (Mengen) von Kindern, die sich nicht „richtig" in gleichstarke Grüppchen, Riegen (Teilmengen) zerlegen lassen. Wenn 17 Kinder beim Sport in genau gleich großen Riegen üben sollen, dann geht das nur, wenn sie Einer-Riegen oder alle zusammen eine 17er-Riege bilden. Und das spiegelt genau den Begriff der Primzahl als einer natürlichen Zahl wider, die 2 Teiler hat, 1 und sich selbst.

Der wesentlich komplexere Begriff „Stellenwertsystem" kann in Verpackungssituationen dargestellt werden: 10 einzelne Eier werden zu je einer 10er-Packung von Eiern, 10 10er-Packungen je zu einer 100er-Kiste usw. zusammengefaßt, so daß 324 (Eier) verstanden werden kann als: 3 Hunderterkisten (Jede enthält 10 10er-Packungen, also $10 \cdot 10 = 100$ Einzelne) plus 2 Zehnerpackungen (Jede enthält 10 Einzelne) plus 4 Einzelne.

Auch Sachverhalte (Sätze, Gesetzmäßigkeiten, Theoreme) lassen sich in Alltagssituationen repräsentieren.

Das Gesetz von der wiederholten Subtraktion $a - b - c = a - (b + c)$ in Worten: Soll ich nacheinander zwei Zahlen subtrahieren (abziehen), so kann ich stattdessen auch deren Summe auf einen Schlag subtrahieren — läßt sich als Erfahrung beim Geldausgeben fassen: Es ist für das Endergebnis egal, ob ich von meinem ursprünglichen Betrag von 89 DM zuerst hier 18 DM und dann noch dort 25 DM ausgebe oder auf einen Schlag 18 DM + 25 DM = 43 DM ausgebe, also $89 - 18 - 25 = 89 - 43$.

Die Verkörperung von begrifflichen Zusammenhängen in konkreten Alltagssituationen ist nicht etwa eine Veranschaulichung in dem vordergründigen Sinn als vorübergehende oder nur für lernschwächere Schüler notwendige Verständniskrücke. Vielmehr muß der offenkundigen Tatsache Rechnung getragen werden, daß Verstehen immer an spezifisches Vorstellungsmaterial gebunden ist und nicht in einem freien abstrakten Raum operiert (Bauersfeld 1983). Wenn dem aber so ist, so erscheint es didaktisch sinnvoll, begriffliche Zusammenhänge möglichst in solchen Situationen darzustellen, die den Schülern aus zahlreichen früheren Alltagserfahrungen vertraut sind. Man darf dann ein höheres Maß an emotionaler Beteiligung (Motivation), an Einsicht und nicht zuletzt an gedächtnismäßiger Verankerung erwarten. Allerdings ist das Verhältnis Begriff — Repräsentation des Begriffs wiederum keineswegs von einfacher Natur. Eine Alltagssituation ist nicht von sich aus schon die Verkörperung eines Begriffes, sie wird es erst, wenn man sie im Lichte des Begriffes sieht, interpretiert. Wenn das Kind der 1. Klasse diese bildlich dargestellte Situation

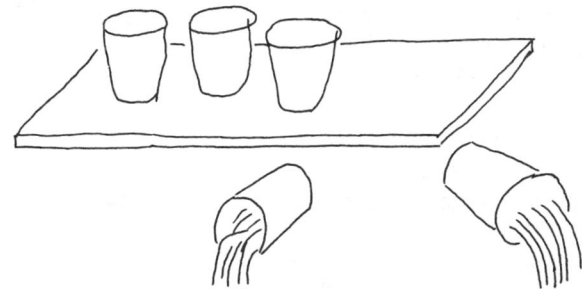

als Subtraktionssatz 5 — 2 = 3 deuten soll, so muß es ja nicht nur die Alltagssituation (Von einem Tablett fallen Gläser herunter, vielleicht weil der Kellner angerempelt wurde.) verstehen, sondern auch schon vorhandenes arithmetisches Wissen einbringen, in die Situationen hineinsehen.

Eine Alltagssituation ist natürlich umso besser als Verkörperung von mathematischem Inhalt, je mehr sie begrifflich ausgebeutet werden kann und nicht nur etwa eine eng umgrenzte, singuläre und unbewegliche Vorstellung abgibt. Die obige Subtraktionssituation läßt z.B. eine Fülle wichtiger Subtraktionserfahrungen zu: Je mehr Gläser herunterfallen, umso weniger bleiben oben stehen. (Je größer die Zahl ist, die wir abziehen, umso kleiner ist das Ergebnis bei fester Ausgangszahl.) — Wenn wir für jedes heruntergefallene Glas ein neues aufs Tablett stellen, dann haben wir wieder so viele wie vorher (Umkehraufgaben voneinander; Zusammenhang von Subtraktion und Addition, z.B. 5 — 2 = 3 ⟷ 3 + 2 = 5). usw.

Ein anderes Beispiel:

Werden Netze (Graphen) als Straßennetze erfahren (Kanten = Straßen, Ecken = Straßenecken, Plätze), dann kann die Durchlaufbarkeit gedeutet werden als Durchlaufen eines Schneeräumfahrzeugs.

Oft wird man im Unterricht die (eine) angestrebte Repräsentation eines Begriffs auch als Einstiegssituation wählen. Geschieht die Entwicklung eines neuen Begriffs (oder eines Aspekts davon) durch die Aufarbeitung und Neudeutung einer hinreichend tragfähigen Situation, so sprechen wir von exemplarischem oder paradigmatischem Lernen (Wagenschein 1977).

Am stärksten dürfte in der Schulpraxis das *Sachrechnen als Übungsrechnen* verbreitet sein: Zum Zwecke der Einübung eines Begriffes oder — vor allem — eines rechnerischen Verfahrens werden sogenannte eingekleidete Aufgaben aus den verschiedensten Gebieten gelöst, und das ist keineswegs auf die Grundschule beschränkt. Meist gibt es eine Zweiteilung des Lernprozesses: In der ersten Phase wird so etwas wie eine Theorie (der Begriff, das Rechenverfahren) entwickelt, die in der zweiten Phase geübt wird. Die meisten Schulbücher bieten ganze Aufgabenplantagen an, oft noch nach Schwierigkeitsgrad und/oder Sachgebieten vorsortiert. Diese Zweiphasigkeit ist lokal und global ausgeprägt. Lokal: Nach der Behandlung eines eng umgrenzten arithmetischen Inhalts (z.B. Addition reiner Zehner in der 2. Klasse) erfolgt sofort ein sachrechnerisches Üben (hier z.B. Aufgaben mit Briefmarken, Groschenpreisen, Dezimetern usw.).

Global: An die Durcharbeit eines umfangreicheren Stoffgebietes (z.B. schriftliches Dividieren) werden zur Einprägung längerfristige Übungen mit eingekleideten Aufgaben angeschlossen.

Dieses nachgereichte Anwendung dient nur bedingt der Förderung sachrechnerischer Fähigkeiten, und es wird dabei auch oft gar nicht ein solcher Anspruch erhoben. Die Schüler sollen vielmehr in erster Linie Sicherheit und Geläufigkeit in arithmetischen Fertigkeiten erlangen, die sachkundliche Verkleidung soll dieses Üben etwas farbiger und abwechslungsreicher gestalten helfen. Die Sachthemen beschränken sich auf ganz alltägliche Situationen, damit nicht vor dem Rechnen erst noch viel erklärt werden muß, wiederholen sich sehr stark und sind untereinander weitgehend austauschbar. Die Entschlüsselung des Textes erfordert keine ernsthafte Auseinandersetzung mit der Situation. Notfalls werden vom Aufgabenverfasser ziemlich eindeutige Winke in den Text eingebaut. „In einer Klasse sind 13 Mädchen und 11 Jungen. Wieviele Kinder sind das *zusammen*?"

Wenn das Sachrechnen nahezu ausschließlich ein solches reproduktives Einübungsrechnen ist, ist die Gefahr besonders groß, daß Schüler Textaufgaben nur als Rechenaufgaben deuten und sich um das Verständnis der Sache gar nicht erst bemühen. Ein solches Übungssachrechnen könnte aber (neben dem Übungseffekt für das Zahlenrechnen, der nicht unterschätzt werden soll) doch auch dann einen bescheidenen Beitrag zur Förderung der eigentlichen sachrechnerischen Kompetenz darstellen, wenn es stärker als Übung im Transferieren betrieben würde, wenn dem Schüler das Anwenden mehr zum Bewußtsein käme. Einige Möglichkeiten in dieser Richtung wären:

— Der Schüler soll selbst eine Frage stellen (auch wenn dadurch Schwierigkeiten beim Kontrollieren und Bewerten entstehen).

— Es sollen Aufgaben bewußt und im einzelnen miteinander verglichen werden. Wie passen z.B. die folgenden Texte zueinander?
„Die Brotverkäuferin im Coop hatte um 10 Uhr 218 DM in ihrer Kasse. Eine Stunde später, um 11 Uhr, zählte sie 243 DM."
„Am 1. Jan. 84 wog der Vater von Rosi 73 kg, und am 1. Jan. 85 wog er 81 kg."

— Es werden Aufgaben eingestreut, die nicht zum Typ passen, vielleicht sogar „Kapitänsaufgaben".

— Vor allem: Die Schüler sollen selbst Aufgabentexte herstellen, z.B.: Erzählt eine Verteilungsgeschichte mit Gewichten von Butter. Erzählt eine Unterschiedsgeschichte zu dem Lebensalter von Menschen. Erzählt eine Geschichte über das Abfüllen von Milch.

Insgesamt bedeutet Sachrechnen als Lernprinzip, daß Bezüge zur Realität für das Lernen mathematischer Begriffe und Verfahren ausgenutzt werden, um die Schüler stärker am Lernen zu interessieren, ihr Verständnis zu fördern und ihre Kenntnisse und Fertigkeiten besser zu festigen.

2.3 Sachrechnen als Beitrag zur Umwelterschließung

Dies ist die umfassendste Funktion des Sachrechnens, in ihr sind die vorgenannten (Sachrechnen als Lernstoff und als Lernprinzip) aufgehoben. Es ist auch die wichtigste und unterrichtspraktisch am schwierigsten zu verwirklichende Funktion. Auf sie will ich mich im weiteren konzentrieren. Entscheidend ist der Primat der Sache: Sachsituationen sind hier nicht nur Mittel zur Anregung, Verkörperung oder Übung, sondern selbst der Stoff, den es zu bearbeiten gilt. Sachrechnen ist damit ein Stück Sachkunde. Die Schüler sollen befähigt werden, umweltliche Situationen durch mathematisches Modellieren klarer, bewußter und auch kritischer zu sehen. Dabei sollen sie auch erfahren, daß die mathematischen Modelle lediglich Entwürfe, Konstruktionen darstellen, die nur gewisse Aspekte der Realität erfassen und andere mehr oder weniger vollständig ausschließen. Insofern bedarf die mathematisch orientierte Erschließung der Umwelt immer noch anderer Weisen der Interaktion zwischen Mensch und Welt.

Das vielbemühte und daher etwas schillernde Wort „*Modell*"wird hier als Bezeichnung für einen innermathematischen (in der Regel arithmetischen) Zusammenhang verwendet, der seinerseits in Worten, Symbolen, Graphiken dargestellt ist und der als eine Interpretation, als ein (mathematisches) Deutungsmuster eines realen Phänomenbereiches dient. So ist die Zahlenreihe 1, 2, 3, . . . mit der Prozedur des Zählens ein Modell für Situationen, in denen Gegenstände voneinander unterschieden werden können, die sich wenigstens eine Zeitlang konstant erhalten, also weder untereinander verschmelzen, noch neue Gegenstände gebären. Dieses Modell paßt zu Situationen wie „Menschen in einem Zimmer" oder „Fahrräder auf einem Parkplatz", nicht aber zu Situationen wie „Wolken am Himmel" oder „Milchtropfen in der Tasse". Das Modell erlaubt es, Mächtigkeitsfragen („Wieviele . . .?") und Rangfragen („Der wievielte . . .?") zu stellen und zu beantworten. Dabei werden die gezählten Gegenstände als Individuen ohne Eigenschaften, als statistische Einheiten, als Zähleinheiten (vorübergehend) angesehen. In der Feststellung „Im Wartezimmer sowieso warten im Augenblick 11 Patienten" werden die Patienten als untereinander austauschbar angesehen, weitere Merkmale (Alter, Geschlecht, Einkommen, Beruf, Aussehen, Religion usw.) sind ausgeblendet.

Das Herzstück des Sachrechnens im Dienste der Umwelterschließung besteht darin, zu umweltlichen Bereichen mathematische Modelle aufzubauen, man sagt auch: Situationen zu mathematisieren. Dies ist ein kompliziertes Unternehmen. Das Modell springt nicht einfach durch Beobachtungen aus der Situation heraus ins Auge, insofern ist Modellbildung ein konstruktiver, ein kreativer Akt. Aber dann muß der Beobachter ja schon über Begriffe, Symbole usw. verfügen, aus denen er — zunächst versuchsweise — ein Modell bildet. Somit ist Modellierung immer auch an Vorwissen als Material gebunden. Mit dem Vorwissen wird ja bereits die Situation beobachtet; das Vorwissen diktiert in starkem Maße mit, was überhaupt wahrgenommen wird. Kurz: Die Modellbildung ist keine Einbahnstraße von der Situation zu ihrer begrifflichen Aufarbeitung, sondern viel eher ein Wechselspiel aus Wahrnehmen und Hineindeuten.

In idealtypischer Vereinfachung kann man die Mathematisierung einer Sachsituation als Prozeß so darstellen (Müller/Wittmann 1984, S. 253):

(1) Situation wahrnehmen, Muster erkennen, Fragen entwickeln
(2) Modell (oder mehrere alternative Modelle) entwerfen, evtl. weitere Daten beschaffen
(3) im Modell Informationen verarbeiten, Fragen im Modell lösen
(4) gewonnene Modellösung auf die Situation zurückübertragen und bewerten, Tragweite des Modells erkunden (Transfers versuchen).

Der 2. Teil dieses Bandes besteht aus dem Angebot von Beispielen zum Mathematisieren, so daß hier eine Erläuterung des Stufenschemas überflüssig ist. Dort ist auch zu erkennen, wie unterschiedlich das Mathematisieren im einzelnen gestaltet sein kann. Wichtig ist, daß auf allen Stufen eines Mathematisierungsprozesses die Schüler die Möglichkeit zur Selbsttätigkeit haben. In der Stufe (1) ist die Entwicklung von Fragen besonders bedeutungsvoll. „Welche Aufgaben, welche Fragen könntest du hier stellen? Was fällt auf? Hast du eine Erklärung?" Schon Kühnel hat mit großer Eindringlichkeit die Erziehung zur Fragestellung gefordert „ . . . daß nichts so wichtig ist für alle intellektuelle und ethische Bildung, als daß das Kind sich selbst Aufgaben stellen, selbst Probleme suchen, finden, formulieren und zerlegen lerne." (Kühnel 1922, 2. Bd., S. 77) Die Sensibilisierung für Wahrnehmen, Teilhaben, Fragen dürfte heutzutage — eingedenk des zunehmenden Einflusses von technischen Informationsmedien zwischen Mensch und Wirklichkeit — eher noch notwendiger sein als zu Kühnels Zeiten. Die Stufe (2) ist sozusagen per definitionem eine schöpferische Stufe. „Was ist hier die Hauptsache? Wie hängen die Sachen untereinander zusammen? Wie kannst du dir den Zusammenhang klar machen? Wie kannst du die Sache darstellen?" Das sind einige allgemeine Impulse, die zur Modellbildung anregen können. Die Stufe (3) ist zwar stärker reproduktiv, wenn gelernte Rechenverfahren angewandt werden. Häufig ergibt sich aber auch die Gelegenheit oder Notwendigkeit, neue Rechenprozeduren zu entwickeln oder bekannte abzuändern. „Wie kannst du möglichst geschickt das Ergebnis, die Ergebnisse abschätzen/bestimmen/ausrechnen/zeichnen/darstellen . . .?" In der Stufe (4) ist das Bemühen um Übertragen des Modells auf neue Situationen das kreativste Moment. „Wo gibt es so etwas Ähnliches? Wo kannst du das Gelernte auch noch benutzen? Was kannst du jetzt auch besser verstehen?" sind hier einige Schlüsselfragen.

Mathematisierungsprozesse sind also Problemlöseprozesse mit der zusätzlichen Komponente, daß die Probleme weniger von außen gegeben (Schulbuch, Lehrer), sondern bei der Analyse der Situation entwickelt werden. Beim Mathematisieren sollen die Schüler nicht nur etwas Sachkundliches und nicht nur etwas Mathematisches lernen, von ebensolcher Bedeutung ist der Erwerb von allgemeineren Problemlösefähigkeiten, also von Heurismen, wie:

— Texte mit eigenen (anderen) Worten wiedergeben
— Texte gliedern
— verdeutlichende Skizzen anlegen, Skizzen deuten
— Tabellen herstellen und lesen
— eine Sache von einer anderen Seite her sehen
— eine Situation umdeuten
— eine Vermutung testen
— ein Ergebnis abschätzen usw.

Welche Situationen für eine Mathematisierung lohnenswert und ergiebig erscheinen, kann kaum griffig und scharf formuliert werden, und es ist auch eine Frage der regionalen und lokalen Verhältnisse und der besonderen Interessen des Lehrers. Es gibt eine unerschöpfliche Fülle von Möglickeiten. Hier ist nur eine kleine bunte Liste. Für jedes Thema ist ein Projekt angedeutet:

— Häusliches Leben: Eine neue Wohnung wird gesucht.
— Geschwister: Yvonne hat ein Brüderchen bekommen.
— Schulleben: Schulwege — wo wohnst du?
— Spielen: Pfeile werfen — wer trifft ins Schwarze?
— Sport: Aufregung in der Schwimmhalle.
— Freizeit: Anja wünscht sich einen Hund.
— Post: Ein Brief geht nach München.
— Fliegen: Wie groß ist der Jumbo-Jet?

- Eisenbahn: Die Reise nach Köln.
- Fahrrad: Wie schnell, noch schneller?
- Telefonieren: Kleingeld gefragt.
- Einkaufen: Erst in die Zeitung gucken.
- Sparen: Warum bei der Sparkasse sparen?
- Verkehr: Der Bus hat Verspätung.
- Wasser: Wieviel (ver)brauchst du?
- Ferien: Wann und wohin reisen?
- Bauernhof: Hennen und Eier.
- Hotel: Schon ausgebucht.
- Berufe: Bäcker und andere Frühaufsteher.
- Fabrikarbeit: Arbeit und Verdienst — früher und heute.
- Theater: Gute Plätze — teure Pätze.

Von Natur aus ist umwelterschließendes Sachrechnen *fächerübergreifend*, und es kann nur überzeugend unterrichtet werden, wenn der Lehrer weit über den Rechenzaun blicken kann und sein Allgemeinwissen ständig erweitert.

Als überzeugendste Organisation muß für dieses umwelterschließende Sachrechnen der *Projektunterricht* angesehen werden. Über einen bestimmten Zeitraum wird der Stundenplan außer Kraft gesetzt, alle Aktivitäten sind auf ein Thema, auf eine Aufgabenstellung konzentriert. Es ist eine Art Gesamtunterricht oder Epochenunterricht, der in der Grundschule eine ehrwürdige Tradition hat, allerdings auch oft umstritten war (Roth 1970), und der in bestimmten Ausprägungen eigentlich von allen Reformströmungen gefordert wird. Im System unserer heutigen öffentlichen Schule wird Projektunterricht im eigentlichen und anspruchsvollen Sinn die Ausnahme sein — immerhin sollte m.E. jedes Jahr *ein* Projekt versucht werden! —, jedoch kann innerhalb des Mathematikunterrichts (wünschenswerterweise in Eintracht mit Sach- und Sprachunterricht) in weiten zeitlichen und thematischen Grenzen *projektartig* unterrichtet werden, jedenfalls in dem Sinne, daß in einem möglichst überzeugenden Maße die Sachsituation als originär und authentisch erlebt werden kann. Ausführliche Beispiele für projektartige Unternehmungen findet man in Müller/Wittmann 1984, S. 115 ff.: „Einrichten eines Aquariums", „Entwurf einer Ampelanlage", „Von Dortmund nach Nürnberg", „Schulmilchtüten", „Nägel schätzen", „Mini-Gruppen-Karte". In dem bekannten englischen Nuffield-Mathematikprogramm stehen Projekte zur Umwelterschließung im Vordergrund (Lörcher/Lörcher 1975). Die verbreitete Sorge, die vom mathematischen Stoff geforderte Systematik käme zu kurz, ist nur sehr bedingt begründet: Einmal wird hier ja *nicht* gefordert, daß der *gesamte* Mathematikunterricht in einer Serie von Anwendungsprojekten bestehen soll, und zum anderen ist das wirkliche Lernen weitaus weniger systematisch als gewöhnlich unterstellt wird. Systematischer Unterrichtsaufbau (Schritt für Schritt vom Einfachen zum Zusammengesetzten usw.) einerseits und Erkenntnisgewinn und Fähigkeitsertüchtigung im Kopf der Kinder andererseits verlaufen oft überhaupt nicht parallel. Mathematisierungsprojekte können zu Pfeilern des Verständnisses werden, auf denen das Gebäude des mehr systematisch organisierten Mathematikwissens beruht, was sich aber freilich nicht von selbst ergibt.

Die sachkundlichen Ausgangssituationen lassen sich nach verschiedenen Gesichtspunkten unterscheiden. Die wichtigsten Kategorien sind (vgl. auch Becker 1979, S. 11 ff.)

— Authentizität (von „unmittelbar aus dem Leben gegriffen" bis zu „fingiert/frisiert"),

— Zugänglichkeit (von „direkt beobachtbar" bis „durch Medien vermittelt"),

— Reichhaltigkeit gegenüber Problemstellungen (von „offen für viele verschiedene Fragestellungen" bis „eingeengt auf eine Frage"),

— Praxisnähe der Problemstellung (von „direkt im Leben verwertbar" bis „eher von theoretischem Interesse"),

— Schwierigkeit bei der Modellbildung (von „erfordert mehrere Umstrukturierungen" bis zu „läßt sich unmittelbar auf Routinefall reduzieren") .

Hiermit ist — wenn man noch die schier unerschöpfliche Fülle im Thematischen hinzunimmt — eine enorme Variabilität gegeben, die es ermöglicht, sehr unterschiedlichen Gegebenheiten und Zielvorstellungen gerecht zu werden. Nicht zuletzt finden sich Ansatzpunkte für das schwierige Geschäft der *Differenzierung*.

Insgesamt ist das umwelterschließende Sachrechnen nicht ein nachgeordnetes methodisches Detail, sondern ein anspruchsvolles, voraussetzungsreiches didaktisches Programm, in das tiefere Dimensionen pädagogischen Arbeitens eingehen: die übergeordneten Ziele des Mathematikunterrichts (sein möglicher Beitrag zur Entfaltung der Kreativität und zur Sensibilisierung für die Probleme unserer Welt) und das Bild, das man vom Menschen und menschlichen Lernen hat. Von diesem Konzept des umwelterschließenden Sachrechnens darf man dann aber auch eine Steigerung der Sachrechenfähigkeit erwarten.

3. Unterrichtsprojekte

Die folgenden Vorschläge — grob nach Jahrgangsstufen gegliedert — sind als Anregungen für den Unterricht gedacht. Es handelt sich aber nicht um Stundenentwürfe, die man unbesehen und jederzeit so umsetzen könnte. Es ist vielmehr notwendig, die Angebote auf die eigenen Verhältnisse hin zu transformieren.

Das Schwergewicht liegt auf der umwelterschließenden Funktion des Sachrechnens. Die Beispiele mögen somit als projektartige Unternehmungen betrachtet werden, die man mit Varianten im Umfang und in der Schwerpunktbildung in der eigenen Klasse realisieren kann.

3.1 Wer bin ich — wer bist du? (Schulanfang)

Ausgangspunkt ist die Situation, die die Schüler an sich selbst unmittelbar erleben: der Schulanfang.

Vielleicht haben Kinder höherer Klassen eine Feier ausgerichtet, um den ersten Schultag der „i-Dötzchen" herauszuheben und den Schulneulingen Mut zu machen.

Der Lehrer (womit auch immer die Lehrerin gemeint ist) wird den Kindern eine spannende Geschichte vorlesen, ein kleines Lied einüben, einen Gang durchs Schulhaus unternehmen, . . . kurz: die Kinder behutsam in das Schulleben einführen.

Ganz von selbst ergibt sich in den ersten Tagen (jedenfalls in größeren Gemeinden) das Problem des gegenseitigen Sichkennenlernens.

Wir kennen uns noch gar nicht richtig! Wie können wir uns denn besser kennenlernen?

Die Schüler sollen Vorschläge machen, z.B.:

Jedes Kind sagt seinen Namen ganz laut und deutlich. „Ich heiße Aron". „Ich heiße Stephanie" . . . Die anderen Kinder passen gut auf und versuchen, sich den Namen zu merken.

Oder: Die Lehrerin ruft langsam jedes Kind beim Vornamen auf (Liste!). Wir strengen uns an, Kind und Namen zu behalten. Am besten sitzen wir dabei im Kreis, da kann nämlich jedes Kind jedes Kind und den Lehrer am besten sehen. (Das ist eine wichtige geometrische Erfahrung.)

Vielleicht müssen wir das Vorstellungsspiel mehrmals wiederholen.

Vielleicht fällt uns auch etwas auf, etwa daß wir zwei Martins oder gar drei Katharinen haben.

Wer hat besonders gut aufgepaßt? Der Lehrer schlägt ein Wechselspiel vor: Ein Kind steht auf, geht zu einem anderen Kind und sagt: ‚Du heißt . . . ." Ist es richtig, setzt sich das erste Kind auf den Platz des zweiten, das nun seinerseits auf ein drittes Kind zugeht. Ist es nicht richtig, darf das Kind weitere Versuche unternehmen, der Lehrer oder die anderen Kindern dürfen dann helfen.

Eine weitere Übung zum Kennenlernen: Ein Kind steht auf und benennt und zeigt alle Kinder, die es schon kennt. Für jedes richtig benannte Kind erhält es vom Lehrer einen Merkstein (z.B. Stein vom Mühlespiel oder vom matema-Registerspiel). Paßt gut auf. Wieviele Steine muß sie/er bekommen? Habt ihr mitgezählt? Wir zählen alle laut mit! Wird auch kein Kind doppelt gezählt? Wer glaubt, daß er fünf (sechs, ...) Merksteine gewinnen kann? usw. Je öfter wir das Merksteinspiel spielen, umso länger werden die Zählketten. Vielleicht kann ein Kind schon alle Kinder benennen und erhält dann sehr viele Merksteine. Wieviele Merksteine kann man denn höchstens gewinnen? Zählt der Lehrer mit? Der Lehrer kann das Rätsel aufgeben: *Einen* Stein kann *jedes* Kind gewinnen. (Indem es sich selbst nennt).

Der Lehrer schlägt ein Paarspiel (Partnerspiel) vor: Ein vom Lehrer aufgefordertes Kind soll ein anderes Kind aussuchen und sagen: „Du heißt ...". Ist es richtig, sagt das angesprochene Kind: „Und du heißt ...". Ist das auch richtig, so haben wir ein Paar; die beiden setzen sich nebeneinander und geben sich die Hand. Stimmt es bei einem Kind nicht, darf das andere es mit einem dritten Kind versuchen. Das Paarbilden setzen wir fort, so lange es geht. Vielleicht geht es auf, vielleicht bleibt ein Kind übrig (dann könnte der Lehrer mitspielen).

Die Paare können (für eine Zeit) Tischgemeinschaften oder Wandergemeinschaften (beim Gang in die Pause) sein.

Kommentar: Das gegenseitige Kennenlernen ist eine wichtige, das Menschsein tief berührende Angelegenheit. Namensgebung dient ja nicht nur der Unterscheidung, sondern hat auch mit der Personwerdung zu tun. Man darf also annehmen, daß der sachkundliche Aspekt die Kinder betrifft. Für die mathematische Erziehung ergeben sich natürliche Zählanlässe, und die Kinder können ihr vorschulisches Zählwissen einbringen, das sehr viel umfangreicher ist als gewöhnlich angenommen wird. (Große) Zahlen bedeuten hier etwas: man kennt schon so viele Mitschüler. Das Paarspiel ermöglicht Vorerfahrungen zu geraden/ungeraden Zahlen.

3.2 Ordnung in der Garderobe — wohin mit dem Anorak? (Schulanfang)

Zu Beginn des Schuljahres werden die Kinder auch in die Schulordnung eingeführt. Dazu gehört, daß die Anoraks (Regencapes, ...) nicht mit in die Klasse genommen werden, sondern auf Garderobenhaken, die sich in der Regel auf einer Wand im Schulflur befinden, gehängt werden.

Über diese Regelung wird zunächst in sachkundlicher Hinsicht gesprochen: Warum lassen wir den Anorak im Klassenraum nicht an? Warum hängen wir ihn nicht im Klassenraum auf? Wie ist das zu Hause, im Restaurant, im Zug, in der Kirche, . . . mit der Garderobe? Dann sagt der Lehrer, daß jedes Kind einen bestimmten Garderobenhaken, seinen Garderobenhaken, bekommen soll. Die Schüler werden um Vorschläge gebeten: „Wie kann man das machen, daß jedes Kind immer seinen Haken leicht wieder findet?"

Mögliche Vorschläge, die z.T. auf einschlägigen Erfahrungen zu Hause oder im Kindergarten beruhen, sind:

(1) Jedes Kind bringt ein Foto (Paßbild) von sich mit, das wird über seinem Haken angebracht.
(2) Jedes Kind malt sich selbst auf ein Schild.
(3) Der Lehrer schreibt den Namen jedes Kindes auf ein Schild.
(4) Jedes Kind malt ein Tier oder eine Blume auf sein Schild.
(5) Jedes Kind bringt einen Aufkleber (Vogel, Blume, Auto, . . .) für sein Schild mit.
(6) Jeder Haken bekommt ein Nummernschild, und jedes Kind merkt sich seine Hakennummer.

Der sechste Vorschlag wird aufgegriffen und gemeinsam geplant und ausgeführt.

Zunächst brauchen wir Schilder, für jedes Kind eins. Wieviele Schilder benötigen wir denn? Der Lehrer hat einen Stoß Schilder (steifer Karton, etwa Postkartengröße) mitgebracht. Die Kinder werden (nochmals) gezählt. Sind denn heute alle da? Dann zählt ein Kind die benötigten Schilder ab, alle zählen laut mit.

Die Schilder werden in einer Reihe auf dem Boden ausgelegt, die Kinder sitzen im Kreis. So, jetzt müssen die Nummern darauf geschrieben werden. Der Lehrer besorgt das (mit einem kräftigen Filzstift); die Kinder sprechen die Zahlen laut mit und schreiben sie mit den Händen in die Luft. Vielleicht können auch schon einige Kinder die Zahlen auf die Schilder schreiben. Liegen die Nummernschilder schließlich alle in einer Reihe vor den Kindern, können Zwischenübungen zum Wiedererkennen eingeschoben werden, z.B.: Zeige die Nummer . . . . Zeige ein Schild und sage die Nummer.

Dann haben wir ein neues Problem: Aber wer bekommt welche Nummer? Die Schüler machen Vorschläge, über die gesprochen wird. Vielleicht entsteht Streit, weil mehrere Kinder die Nummer 1 oder die Nummer 10 haben wollen.

Der Lehrer regt ein Glücksspiel an: „Damit es keinen Streit gibt, wollen wir die Nummern auslosen. Wie könnte das gehen?" Vielleicht so: Die Schilder werden gemischt, in einen Korb gelegt und mit einem Tuch zugedeckt. Der Lehrer ruft die Kinder auf und jedes Kind zieht (vielleicht noch mit verbundenen Augen) sein Nummernschild.

Es könnten Zweifel daran auftreten, ob dieses Verfahren fair ist. Das zuerst aufgerufene Kind kann ja noch aus allen Nummern wählen, das zweite hat schon eine Nummer weniger zur Auswahl, und das letzte Kind hat gar keine Wahl mehr, im bleibt das letzte Nummernschild. Es ist nicht einfach, zu zeigen, daß dieser Zweifel unberechtigt ist. Möglicherweise überzeugt das: Die Schilder stecken in undurchsichtigen Umschlägen. Jedes Kind zieht einen Umschlag. Keins weiß, was es gezogen hat. Das Kind, das zuletzt gezogen hat, kann genau so gut seine Lieblingszahl 10 gezogen haben wie das Kind, das als erstes in den Korb griff. Erst am Ende werden die Umschläge geöffnet, und jedes Kind sieht seine Zahl. Die Frage ist, ob diese Abwandlung des Ziehvorganges gleichwertig dem ursprünglichen angesehen wird. Freilich kann das Verlosen auch anders ausgeführt werden, etwa so: Die Schilder werden gut gemischt und mit der Rückseite nach oben wieder in einer Reihe ausgelegt. Jedes (aufgerufene) Kind wählt auf gut Glück eins aus.

Jedenfalls hat am Ende jedes Kind sein Nummernschild in der Hand. Kann jedes Kind auch seine Nummer lesen?

Es werden je nach Bedarf Erkennungsübungen veranstaltet: Jedes Kind nennt seine Nummmer („Ich habe die 7"). — Die Zahlen werden der Reihe nach aufgerufen, die zugehörigen Kinder melden sich und zeigen allen ihr Schild. — Es werden ungeordnet Zahlen aufgerufen. — Ein Kind nennt ein anderes beim Namen, ein drittes nennt die Nummer des aufgerufenen. — Die Schilder werden eingesammelt, gemischt und wieder ausgelegt. Jedes Kind holt sich sein Schild. usw.

Bevor die Nummernschilder schließlich über den Haken angebracht werden, darf jedes Kind sein Schild noch schmücken, etwas darauf malen oder etwas Lustiges ausschneiden und aufkleben.

Kommentar: Die Schüler lernen an diesem Beispiel u.a., wie man Zahlen (als Nummern) gebrauchen kann, um damit leicht unterscheiden und sich zurechtfinden zu können. Weitere Situationen, die auch teilweise in der Klasse angesprochen werden können, sind: Hausnummern, Autonummern, Aufgabennummern im Mathebuch, Liednummern im Gebetbuch, Seitenzahl im Buch, Bestellnummer im Katalog, Zimmernummer im Hotel, Gleisnummer auf dem Bahnhof, Telefonnummer, Postleitzahl, usw.

3.3 Wie lange noch bis Heiligabend? (Klasse 1)

Das ist auch heute noch für viele Kinder in der Vorweihnachtszeit eine bedeutsame Frage. Wir sprechen über Advent, Adventszeit, Adventskranz, Weihnachtsvorbereitungen, . . . und hieraus kann sich die Aufgabe entwickeln, einen *Kalender* für den Monat Dezember (z.B. 1985) herzustellen. Der Lehrer hat für jedes Kind (oder jedes Paar) ein Raster vorbereitet, am

1 So	2 Mo	3 Di	4 Mi	5 Do	6 Fr	7 Sa	8 So	9 Mo	10 Di
11 Mi	12 Do	13 Fr	14 Sa	15 So	16 Mo	17 Di	18 Mi	19 Do	20 Fr
21 Sa	22 So	23 Mo	24 Di	25 Mi	26 Do	27 Fr	28 Sa	29 So	30 Mo

31 Di

(4-Tage-Pfeil, Papierstreifen)

besten einen langen Streifen aus 31 gleichgroßen Einheiten (je etwa 10 cm lang, 5 cm breit).

Zuerst tragen wir die Nummern der Tage von 1 bis 31 ein, nachdem geklärt worden ist, wie groß die Zahlen (Ziffern) werden sollen. Vielleicht ist hierfür auch schon ein Platz vorgegeben. Dann sollen die besonderen Tage ausgezeichnet werden: Die Adventsonntage, die Weihnachtsfeiertage, Silvester, Ferientage.

Es werden verschiedene Möglichkeiten erörtert. Z.B. können die Adventsonntage durch brennende Kerzen geschmückt werden, der Heiligabend durch einen Stern, die beiden Weihnachtstage durch einen Weihnachtsbaum, Silvester durch eine Glocke o.ä. Das Ausschmücken kann evtl. auch in Partnerarbeit oder Hausarbeit ausgeführt werden. Es fehlen die Namen der Wochentage. Wir einigen uns auf Abkürzungen, wie sie in Kalendern üblich sind, und tragen diese ein. Hier muß der Lehrer wahrscheinlich einigen beim Schreiben helfen. Notfalls muß auch die Folge der Wochentage wiederholt und geübt werden. Dabei ergeben sich fast von selbst Zähl- und Rechenaufgaben: Wieviele Sonntage gibt es im Dezember? (5 Sonntage; der 1. Dezember., der 8. Dezember, der 15. Dez., der 22. Dez. und der 29. Dez.) Gibt es auch 5 Montage, 5 Dienstage, . . .? Das Siebener-Muster wird entdeckt und bewußt gemacht: Der 3. Dez. ist ein Dienstag, 7 Tage weiter ist wieder ein Dienstag. Wir zeigen das am Kalender und können auch als

Rechenaufgabe aufschreiben 3 + 7 = 10. Die Kinder sollen viele Beispiele dieser Art nennen, zeigen, aufschreiben.

Dann kommen wir zur Hauptfrage: Wie lange noch bis zum Heiligabend? Heute ist (z.B.) der 2. Dez., da dauert es noch sehr lange, bis Heiligabend sein wird. Die Schüler versuchen, auf irgendeine Weise die Zahl der Tage herauszubekommen. Dann wird darüber gesprochen. Die meisten haben Stück für Stück durchgezählt, etwa so: bis morgen ist es 1 Tag, dann ist der 3. Dez., bis übermorgen sind es 2 Tage, dann ist der 4. Dez., bis zum 5. Dez. sind es 3 Tage, . . ., bis zum 24. Dezember sind es 22 Tage. Vielleicht haben auch einige in größeren Sprüngen gezählt, etwa so: Vom 2. bis 10. sind es 8 Tage, von 10. bis 20. sind es 10 Tage und dann bleiben noch 4 Tage bis Heiligabend, zusammen also 8 + 10 + 4 = 22 Tage. Besonders schön wäre es, wenn jemand auf die Idee gekommen wäre: Vom Dezemberanfang bis Heiligabend sind es 24 Tage; wenn aber schon der 2. Dezember da ist, bleiben nur noch 22 Tage. Jedenfalls regt der Lehrer auch diese Bestimmungsweise an. Und alle Bestimmungsweisen werden am Kalender handgreiflich mitvollzogen. Dabei sollte das (gedachte) Verstreichen von Tagen ganz betont durch Streichen mit dem Finger simuliert werden. Beispiel: Die Kinder legen die Fingerspitze auf die Mitte des Blattes mit dem 2. Dez. Dann streichen sie langsam nach rechts, bis sie auf der Mitte des Blattes mit dem 24. Dez. anhalten. Auf den Zwischenblättern (3., 4., . . .) wird kurz angehalten. Parallel zum weiterrückenden Streichen wird gezählt, so also die Zahl der verstreichenden Tage ermittelt. Dieses Verstreichen („von-bis-Rechnen") kann durch Papierpfeile passender Länge noch unterstützt werden, siehe 4-Tage-Pfeil.

Variationen liegen auf der Hand. Wie lange ist es vom 3., 4., . . . Dez. bis Heiligabend? Es wird jeweils durchgezählt, aber auch überlegt: Vom 2. Dez. bis Heiligabend sind es 22 Tage, dann sind es vom 3. Dez. nur noch 21 Tage, weil der 3. Dez. ja schon 1 Tag näher liegt, o.ä. Auch kehren wir die Fragestellung um, z.B.: An welchen Tagen können wir sagen: Jetzt sind es nur noch 5 (7, . . .) Tage bis Heiligabend.

Kommentar: Auch wenn (lt. Lehrbuch) die Schüler noch nicht mit solchen großen Zahlen offiziell rechnen, so wäre das kein Grund, dieses Thema auszuschließen. Es wird sachkundliches Grundwissen (Monate, Wochen, Wochentage, Datum) in einer sehr eindringlichen Weise gefestigt und vertieft. Gleichzeitig können wichtige Erfahrungen zu Zahlen (ordinaler, kardinaler und Maßaspekt) und zur Addition/Subtraktion erworben werden. Schwierigkeiten können u.a. dadurch auftreten, daß die Kalendertage in gewisser Weise doppeldeutig auftreten, einerseits als Zeitpunkte, andererseits auch als Zeitspannen. Zu einem Konflikt kommt es, wenn überlegt wird, daß die Zeit zwischen heute und morgen (oder zwischen 2. und 24. Dez.) nur dann 1 Tag (oder 22 Tage) beträgt, wenn man entsprechende Vergleichspunkte (in der Regel unausgesprochen) unterstellt, etwa vom 2. Dez. mittags bis 24. Dez. mittags. Von heute spät abends bis morgen sehr früh läge dagegen natürlich nicht ein ganzer Tag. Tritt dieses Problem im Unterricht auf, so sollte es nicht sanft verdrängt, sondern im Gegenteil als Gelegenheit genutzt werden, die Redeweise „vom 3. Dez. bis 10. Dez. vergehen (sind es) 7 Tage" ganz aufzuklären. Anders sind die Verhältnisse übrigens bei der Angabe von Schul- oder Betriebsferien oder von Hotelaufenthalten. Wenn die Ferien „vom 3. Dez. bis 10. Dez. dauern", dann werden die Tage — angefangen vom 3. und endend mit dem 10. — gezählt, so daß sich 8 Ferientage (nicht 7) ergeben.

Das Kalenderrechnen mit dem Dezember kann sehr viel weiter, als hier angedeutet, ausgebaut werden.

3.4. Erste Zähne — zweite Zähne (1./2. Kl)

Zähne und Zahnarzt, das ist ein aufregendes Thema. Jedes Kind kann aus eigener Erfahrung erzählen: vom Ausfallen der Milchzähne (ersten Zähne), vom Durchbrechen der neuen, der bleibenden (zweiten) Zähne, vom Zähneputzen, vom Verbot, Süßigkeiten zu essen, von Zahnschmerzen, vom Zahnarzt, usw. Gerade mit 6-7 Jahren ist der Zahnwechsel im vollen Gange. Manche Kinder sammeln ihre ausfallenden Milchzähne, so daß es sich anbietet, die Formen von ganzen Zähnen etwas genauer zu betrachten und darüber zu sprechen. Dabei sollten die Aufgaben der Zähne herausgestellt werden: Sie dienen als Werkzeuge zum Abbeißen und Kauen von Nahrung und werden beim Sprechen gebraucht.

Eine erste systematische Aktivität besteht in der **Beobachtung** des augenblicklichen Zustandes **des Gebisses von Kindern** in der Klasse. Das kann vielleicht in Verbindung mit einer schulzahnärztlichen Untersuchung geschehen. Manchen Kinder wissen sehr genau über ihre Zähne Bescheid, bei anderen muß sich der Lehrer in die Beobachtungen einschalten. (Allerdings ist große Zurückhaltung geboten, es handelt sich ja um Daten der Intimsphäre!)

Wie können wir unsere Beobachtungen sichtbar machen, darstellen? Die Kinder wissen, daß der Zahnarzt seiner Helferin geheimnisvolle Zahlen und Wörter zuruft und daß die Helferin dann Zeichen in ein Gebißbild einträgt. Der Lehrer hat genügend viele Kopien solcher Gebißbilder besorgt (auch für den Tageslichtprojektor) und daran kann nun gearbeitet werden.

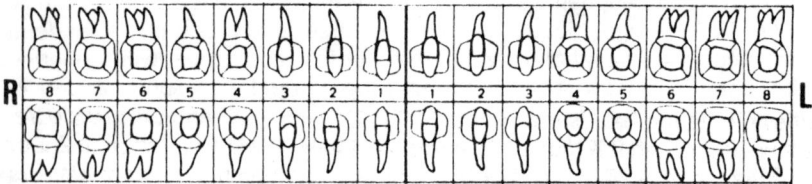

So sieht es aus, wenn ein Mensch alle bleibenden Zähne hat. Wieviele sind es oben (im Oberkiefer), unten, rechts, links, unten links, . . ., zusammen? Die doppelte **Symmetrie** fällt auf und sollte bewußt gemacht werden: Zu jedem Zahn oben gibt es einen Partner unten (und umgekehrt), die beiden arbeiten beim Beißen und Kauen zusammen. Was ist, wenn einer fehlt? — Zu jedem Zahn links gibt es einen Partner rechts (und umgekehrt), wir sähen sonst ungleichmäßig, schief im Gesicht aus.

Eine andere, feinere Beobachtung springt ins Auge: Wir können verschiedene **Sorten** entdecken oder wiedererkennen: Schneidezähne, Eckzähne, Backenzähne, was wir durch Farbgebung oder Buchstaben im Gebißbild festhalten:

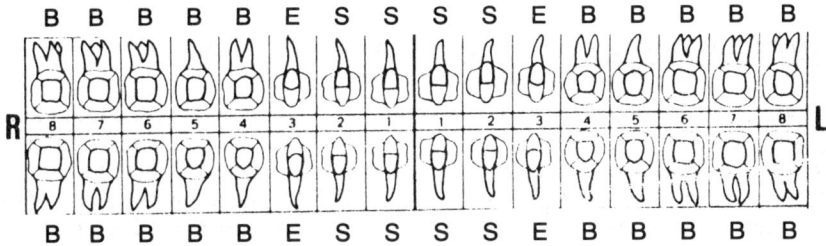

Zahnarithmetik drängt sich auf: Wieviele Schneidezähne/Eckzähne/Backenzähne sind oben/unten/rechts/links/rechts-oben, . . .? Die Vierfachheit ist unübersehbar: 4 mal ein innerer Schneidezahn, 4 mal ein äußerer Schneidezahn, 4 mal ein Eckzahn, 4 mal je 5 Backenzähne.

Unser Bild zeigt ein vollständiges, bleibendes Gebiß. Solch ein Gebiß hat aber (wohl) kein Kind in unserer Klasse. Der Lehrer (oder auch das Kind) erzählt, daß die äußersten Backenzhne manchmal erst sehr spät, mit 40 Jahren, durchkommen („Weisheitszähne") und manchmal auch gar nicht. Erst mit 13 Jahren ist im Normalfall das ganze 32-Gebiß vorhanden. Und hier in unserer Klasses? Wir kommen auf unsere Beobachtungen zurück und tragen sie in die Gebißbilder ein. Hier sind einige (authentische) Beispiele:
Dominik (7,5 Jahre alt)

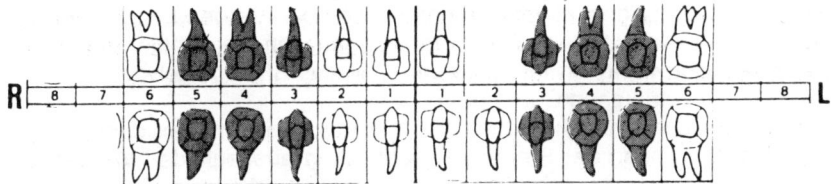

Wieviele Zähne hat Dominik jetzt? Wieviele oben, unten? Wieviele Milchzähne (dunkel!) hat er noch? Wieviele Milchzähne sind ihm schon ausgefallen (wenn er alle 20 hatte)? Wieviele bleibende Zähne hat er schon? Wieviele oben, unten, rechts, links? Wieviele bleibende Zähne müssen noch kommen? Wo hat er eine Zahnlücke? usw.

Simon (7 Jahre alt)

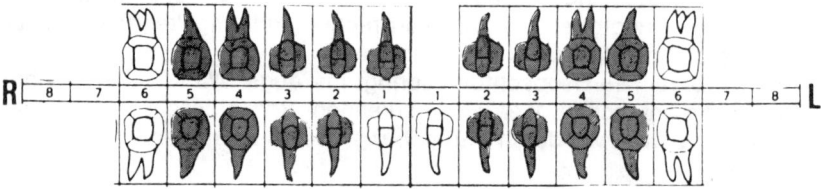

Erzählt Zahn-Rechengeschichten! Vergleicht das Gebiß von Dominik mit dem von Simon. Haben beide an derselben Stelle eine Zahnlücke? usw.

Maria Rosa (8,5 Jahre alt)

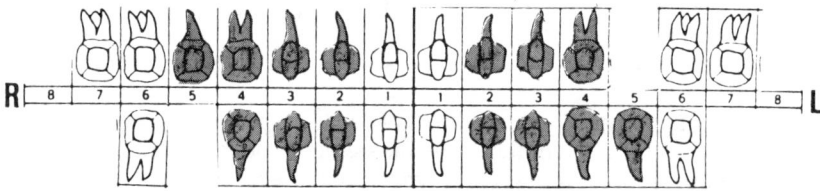

Wiederum werden viele Beobachtungen gemacht, Fragen gestellt, Zählungen und Rechnungen ausgeführt.

Wertvoll sind Orientierungsübungen. Jeder Zahn — ob im Augenblick (schon, noch) vorhanden oder nicht — soll einen Namen bekommen. Eine Möglichkeit besteht darin, zu sagen, ob er oben oder unten, ob er in der linken oder rechten Mundhälfte steht und welche Nummer er von der Mitte aus gesehen hat. „Links-oben-drei" ist also der linke, obere Eckzahn. Jetzt können Schüler bleibende Zähne ihres jetzigen Gebisses nennen und auf dem Gebißbild zeigen, etwa: „Ich habe schon den bleibenden Backenzahn ‚oben-rechts-sechs'." Beim Zeigen im Bild müssen die Schüler mit der zusätzlichen Schwierigkeit fertig werden, daß das Bild spiegelverkehrt zu ihrem eigenen wirklichen Gebiß ist.

Ein zweiter sachkundlich-mathematischer Aufgabenkomplex, der ebenfalls eigene Erfahrungen der Kinder aufgreift, kann ausgegliedert werden: die Zahnentwicklung, vom zahnlosen Babymund (das ja auch nur Milch trinkt), über das Milchgebiß zu den bleibenden Zähnen.

So entwickelt sich das Milchgebiß. An der Erarbeitung dieses Schemas, das der Lehrer verbreitet hat, können sich die Kinder beteiligen.

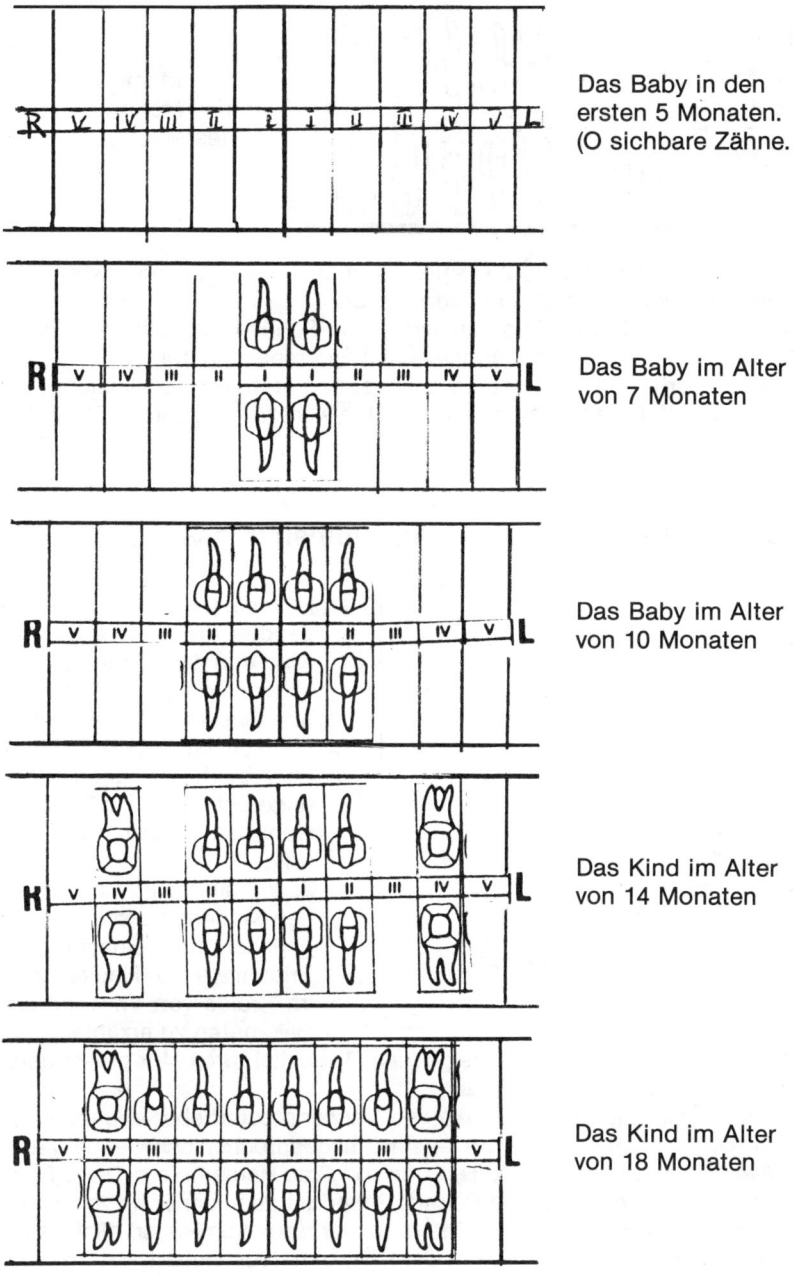

Das Baby in den
ersten 5 Monaten.
(O sichbare Zähne.

Das Baby im Alter
von 7 Monaten

Das Baby im Alter
von 10 Monaten

Das Kind im Alter
von 14 Monaten

Das Kind im Alter
von 18 Monaten

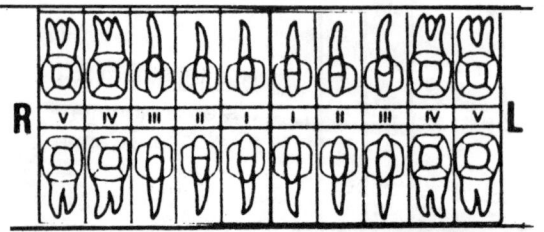

Das Kind im Alter
von 30 Monaten
(volles Milchgebiß)

Wie hier im Zahlenraum bis 20 beziehungsreich und lebensnah gerechnet werden kann, versteht sich wohl von selbst.

Kommentar: Das Thema erfordert, wenn die Schüler mit Selbstbeobachtung einbezogen werden, pädagogisches Fingerspitzengefühl. Über die Ergiebigkeit in arithmetischer, geometrischer und statistischer Hinsicht gibt es keinen Zweifel. Dabei sind hier nur einige wenige Aktivitäten aufgeführt worden.

3.5 Ellen hat ein Brüderchen bekommen (Klasse 2)

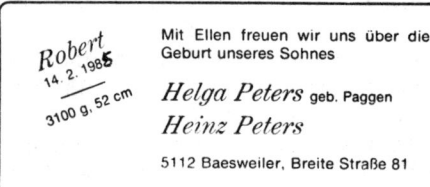

Robert
14. 2. 1985
3100 g, 52 cm

Mit Ellen freuen wir uns über die Geburt unseres Sohnes

Helga Peters geb. Paggen
Heinz Peters

5112 Baesweiler, Breite Straße 81

Thomas Alexander Tristan 15. 2. 1985

Unser „Kleiner" ist da!
57 cm, 4030 g

Es freuen sich:
Dagmar Geruschke geb. Thywissen
Karl-Heinz Geruschke

Im Grüntal 41 a, 5100 Aachen

Es ist in jedem Fall ein erregendes Ereignis, wenn ein Kind aus der Klasse ein Geschwisterchen bekommen hat. Das Thema „Ein neuer Mensch ist geboren" kann aber auch auf andere Art angeregt werden, z.B. durch Geburtsanzeigen in der Zeitung.

Jedenfalls wird zunächst den Kindern die Möglichkeit gegeben, über einschlägige Erlebnisse zu Hause oder im Kreise von Verwandten/Bekannten zu erzählen.

Dann könnten wir die obere Anzeige (über Tageslichtprojektor präsentiert) vorlesen und genauer besprechen.

Als erstes ergibt sich das Problem von Verwandtschaftsbeziehungen (für viele Kinder — auch Erwachsene — eine ausgesprochen schwierige Materie!). Wer ist Robert? Robert ist der Sohn von Frau Helga Peters. Diese Frau Helga Peters ist die Mutter von Robert. Robert ist auch der Sohn von Herrn Heinz Peters. Dieser Herr Heinz Peters ist der Vater von Robert. Robert ist der Bruder von Ellen, und Ellen ist die Schwester von Robert.

Wir malen ein Schema (Pfeilbild):

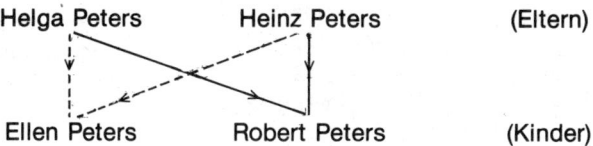

Helga Peters	Heinz Peters	(Eltern)
Ellen Peters	Robert Peters	(Kinder)

Wir zeichnen bunte Pfeile ein, z.B.

rot	hat als Sohn
blau	hat als Tochter
grün	hat als Vater
gelb	hat als Mutter
lila	hat als Bruder
braun	hat als Schwester
schwarz	hat als Mann
rosa	hat als Frau

Anstelle von „hat als Sohn" können wir auch vielleicht besser sagen „zeigt auf Sohn" o.ä..

Als Hausaufgabe bietet sich an, von der eigenen Familie ein solches Pfeilbild zu malen (aber Vorsicht: Intimsphäre, Datenschutz!).

Zurück zur Geburtsanzeige! Da ist ja noch mehr zu besprechen. Vom kleinen Robert erfahren wir, wann er geboren wurde: am 14. Februar 1985. Und was für ein Datum haben wir heute? Wie alt ist Robert heute?

Wie alt seine Schwester Ellen ist und wie alt die Eltern sind, steht nicht in der Anzeige. Aber wie alt *könnten* denn die drei Personen sein? Macht einmal Vorschläge.

Ein „vernünftiger" Vorschlag (Vergleich mit den Verhältnissen zu Hause!) könnte sein:

Alter bei der Geburt von Robert (1985).

Robert	0 Jahre
Ellen	4 Jahre
Mutter	31 Jahre
Vater	29 Jahre

Hieraus lassen sich massenhaft neue Fragestellungen entwickeln, etwa: Wie groß sind die Altersunterschiede? Wie alt sind die 4, wenn Ellen in die Schule kommt, wenn Robert in die Schule kommt? Wie alt sind die 4 im Jahre 2000? Wie alt waren die Eltern bei der Geburt von Ellen? Wann werden die Eltern Silberne Hochzeit haben, wenn sie ein Jahr vor Ellens Geburt heirateten? usw.

In der Geburtsanzeige steht auch, wie schwer und wie groß Robert bei der Geburt war.

52 cm groß war er. Wie groß ist denn das? Wir schätzen es mit den Händen, zeigen es am Zollstock, zeichnen eine Strecke an die Wandtafel, . . .
Sind alle neugeborenen Babies so groß oder ungefähr so groß? Weißt du, wie groß du warst, als du zur Welt kamst? Und wie groß bist du jetzt? Wahrscheinlich haben einige Kinder Größendaten aus ihrer Vergangenheit, die wir jetzt verwenden können. Interessant ist aber auch die „offizielle" Datenliste (nach Dr. Heimendinger):

Alter (Jahre)	0	1	2	3	4	5	6	7	8	9	10
Größe Mädchen (cm)	50	75	87	95	102	109	116	122	128	133	138
Größe Jungen (cm)	51	77	87	96	104	110	117	122	128	133	138

Fällt da etwas auf? Ja, Jungen sind (im Durchschnitt) etwas größer als Mädchen. Das stärkste Wachsen ist im 1. Lebensjahr, rund die Hälfte der Geburtsgröße kommt dazu! (Vielleicht schlafen Babies deshalb so viel, sie brauchen alle Kraft fürs Wachsen?) Dann wachsen die Kinder immer langsamer. Berechnet die Zunahmen von Jahr zu Jahr. Wie wäre es denn, wenn die Zunahme von Jahr zu Jahr immer gleich groß wäre (in 10 Jahren von 50 cm auf 138 cm)? Ob es immer so weiter geht wie jetzt im Grundschulalter, jedes Jahr 5 cm dazu? Wie groß wärst du dann mit 50 Jahren? usw.
Kommentar: Mit der Entwicklung des Gewichts lassen sich analoge Fragen stellen und bearbeiten. Es empfiehlt sich, das Längenwachstum als Fries mit Fotomontagen lebendiger darzustellen als durch eine nackte Tabelle wie die obige. Wir haben hier ein schönes Beispiel für produktives Sachrechnen: Aus vergleichsweise wenigen Daten werden verschiedene Fragestellungen produziert, deren Bearbeitung die Sammlung weiterer Daten erfordert.

3.6 Entdeckungen an unseren Münzen (Klasse 2)

Die Schüler haben genügend viele Exemplare der Münzen 1 Pf, 2 Pf, 5 Pf, 10 Pf, 50 Pf vor sich. Von jeder Sparkasse kann man solches Spielgeld bekommen. Ein erster Anstoß zu entdeckenden (und rechnerischen!) Aktivitäten könnte die Bemerkung des Lehrers sein: „Unsere Jenny hat gestern Joghurt gekauft, ein großer Becher kostete 89 Pf. Wie könnte die Bezahlung von einem Becher Joghurt gewesen sein (wenn sie sonst nichts eingekauft hat)?" Die Kinder legen — irgendwie — den Betrag 89 Pf hin und berichten darüber: „Ich habe ein 50-Pf-Stück, drei 10-Pf-Stücke und neun 1-Pf-Stücke." „Ich habe . . ."

Anstöße: Wie kannst du 89 Pf mit möglichst wenigen Münzen legen? —
Kannst du 89 Pf mit 10 Münzen legen? mit 11 Münzen? — Jenny hatte aber
nur zwei 50-Pf-Stücke mit! — Wie kann man 75 Pf, 84 Pf, ... legen? — Sucht
einmal *alle* Möglichkeiten für 20 Pf, aber möglichst mit Plan. usw.
Bei der letzten Aufgabe bietet sich eine Tabelle an (die der Lehrer als Form-
blatt vorbereitet hat). Das planmäßige Vorgehen aber — etwa:

50-Pf-Stücke	10-Pf-Stücke	5-Pf-Stücke	2-Pf-Stücke	1-Pf-Stücke	Betrag
-	2	-	-	-	20 Pf
-	1	2	-	-	20 Pf
1	1	2	1		20 Pf
1	1	1	3		20 Pf.
1	1	-	5		20 Pf
1	-	5	-		20 Pf
1	-	4	2		20 Pf
1	-	3	4		20 Pf
1	-	2	6		20 Pf
1	-	1	8		20 Pf
1	-	-	10		20 Pf
-	4	-	-		20 Pf

immer mehr Münzen verwenden oder: möglichst lange möglichst wertvolle
Münzen legen, wie hier — sollen die Schüler im wesentlichen selbst finden
(Anstoß: Womit könnten wir am einfachsten anfangen?)
Neuer Anstoß: „Wir haben so viele Sorten Münzen. Da kann man sich doch
leicht versehen. Welche Sorten kann man leicht miteinander verwechseln?
Denkt auch an ältere Leute, die nicht mehr so gut sehen können." Die Schüler bringen Beispiele von leicht verwechselbaren Münzen (1 Pf, 2 Pf), (5 Pf,
10 Pf) und machen Vorschläge für Verbesserungen: mehr Farben benutzen,
größere Unterschiede in den Maßen u.ä. Das letztere bringt uns dazu, so genau wie möglich die Durchmesser zu messen. Dann provoziert der Lehrer:
„Ach, warum gibt es überhaupt mehrere Sorten. Könnte man denn nicht mit
einer Sorte auskommen? Das wäre dann doch viel einfacher!"

Die Schüler finden: Ja, es ginge mit einer Sorte, mit 1-Pf-Stücken. Aber dann müßte man bei 89 Pf z.B. bis 89 zählen. Das dauert zu lange, man kann sich leicht verzählen, die Geldtasche würde immer ganz voll und zu schwer sein.

„Und wenn es nur 5-Pf-Stücke gäbe oder nur 10-Pf-Stücke oder . . . ?" Eine neue Problemstellung ist da: Welche Beträge kann man auf welche Weise legen, wenn man nur diese Sorte Münzen hat? Was ist z.B. alles möglich, wenn ich nur 2-Pf- und 5-Pf-Münzen habe? Die Schüler können unsystematisch experimentieren, sie können aber auch mehr und mehr überlegen, z.B.: Mit 2-Pf-Münzen allein kann ich alle geraden Beträge legen (2Pf, 4 Pf, . . ., 100 Pf). Um ungerade Beträge legen zu können, müßten (drei, fünf, . . .) 5-Pf-Münze(n) dabei sein. Mit einem Fünfer und genügend vielen Zweiern kann ich 5 Pf, 7 Pf, 9 Pf, 11 Pf, . . . alle ungeraden Beträge ab 5 Pf legen. Also mit Zweiern und Fünfern läßt sich alles ab 4 Pf legen (3 Pf und 1 Pf gehen nicht). Aber da brauchte ich doch wieder viele Münzen. Wieviele z.B. mindestens für 83 Pf? Es ist also schon gut, daß es so viele Sorten Münzen gibt. Das Bezahlen geht rasch, weil man nicht viele Münzen braucht. „Untersucht, bei welchen Beträgen (bis 1 DM) man die meisten unserer Münzen braucht." (99 Pf z.B., da braucht man mindestens 8 Münzen, aber auch 98 Pf erfordern so viele.) Es wird also entdeckt: Man kommt immer mit höchstens 8 Münzen aus. Jetzt umgekehrt: „Du hast in der Geldtasche ein 50-Pf-Stück, vier 10-Pf-Stücke, ein 5-Pf-Stück, zwei 2-Pf-Stücke und ein 1-Pf-Stück, also genau diese 9 Münzen. Kannst du damit *jeden* Betrag von 1 Pf bis 100 Pf bezahlen?" Die Schüler können probieren und dann mehr und mehr zu systematischen Argumentationen übergehen, vielleicht so: Mit den kleinen Münzen (bis 5 Pf) kann ich alle Beträge von 1 Pf bis 9 Pf legen. Nehme ich einen (zwei, drei, vier) Groschen dazu, so bekomme ich alle Beträge von 10 Pf bis 19 Pf (von 20 Pf bis 29 Pf usw.). Ab 50 Pf wiederholt sich alles, nur daß dann jeweils noch ein 50-Pf-Stück dabei ist.

Bei dieser Untersuchung fällt etwas auf, spontan oder auf einen Anstoß durch den Lehrer: Man braucht nicht alle Sorten gleich oft. Groschen werden z.B viel häufiger benutzt als 1-Pf-Stücke. „Könnt ihr das genauer sagen?" Es werden Erkundungen angestellt. Bei welchen Beträgen wird z.B. mindestens ein 10-Pf-Stück gebraucht (immer bei möglichst kleiner Anzahl von Münzen natürlich!)? Es kann herausgefunden werden: Bei allen Beträgen von 10 Pf bis 49 Pf und von 60 Pf bis 99 Pf braucht man mindestens einen Groschen, das sind 40 + 40 = 80 Beträge von insgesamt 99 Beträgen (1 Pf bis 99 Pf). Und in wieviel Fällen braucht man mindestens zwei (drei, vier) 10-Pf-Stücke? Zehner sind also sehr gefragt. Dagegen braucht man 1-Pf-Stücke nur in 10·4 = 40 Fällen von 99 insgesamt, nämlich bei

1 Pf	3 Pf	6 Pf	8 Pf	
11 Pf	13 Pf	16 Pf	18 Pf	, usw.

Und mindestens eine 5-Pf-Münze brauche ich in 10·5 = 50 Fällen, nämlich bei

5 Pf	6 Pf	7 Pf	8 Pf	9 Pf
15 Pf	16 Pf	17 Pf	18 Pf	19 Pf , usw.

Der Lehrer kann weiter anregen. „Müßte man das nicht auch in unserer Geldtasche sehen, daß dort mehr 10-Pf-Stücke als 1-Pf-Stücke sind?" Wir machen eine Probe: Der Lehrer und die Schüler, die Geld bei sich haben, sortieren ihr Kleingeld und zählen nach. Das ist natürlich ein spannender Moment, es wird ja eine Theorie getestet!

Der Lehrer regt zu weiterem Nachdenken über unser Geld an: „Es ist also gut, daß es mehrere Sorten Münzen gibt, wir brauchten sonst zu viele Münzen beim Bezahlen.

Wäre es dann nicht gut, wenn wir ganz viele Sorten Münzen hätten, vielleicht für *jeden* Betrag eine Münze, also 1-Pf-Stücke, 2-Pfennig-Stücke, 3-Pf-Stücke, 4-Pf-Stücke, . . ., 99-Pf-Stücke?"

Herauszufinden ist: So viele Sorten, das wäre unpraktisch, weil wir beim Bezahlen sehr lange suchen müßten, um die richtige Münze zu finden. Wie sollte man die vielen Sorten unterscheiden? Der Kassierer im Kaufladen oder auf der Sparkasse oder an der Theaterkasse müßte eine Riesenkasse mit sehr vielen Fächern haben.

Am Ende kommen wir zu dem Schluß: Unsere Münzen sind gerade richtig. Wir haben nicht zu wenige Sorten, dadurch brauchen wir wenige Stücke beim Bezahlen. Wir haben aber auch nicht zu viele Sorten, dadurch bleibt das Geld übersichtlich.

Kommentar: Dieses Thema muß nicht in einem Block bearbeitet werden, und es ist natürlich nicht an die 2. Klasse gebunden. Es ist erstaunlich, daß dieses Nachdenken über unser Münzsystem bisher keinen Platz im Unterricht hatte, wo doch im Überfluß Sachaufgaben mit Geld vorkommen. Dabei erschöpfen die obigen Anregungen keineswegs das Thema. Hier sind einige Stichwörter für weitere Untersuchungen: Wie erklärst du dir die zunehmenden Unterschiede?

Haben wir bei den höheren Geldsorten (1 DM, 2 DM, . . .) ein ähnliches Bild wie beim Kleingeld? — Könnten wir unsere Münzen nicht vielleicht doch noch verbessern, z.B. durch diese Sorten: 1-Pf-, 5-Pf-, 25-Pf-Stücke?

3.7. Schuhe vom Versandhaus (2./3. Kl.)

David soll ein paar neue Schuhe bekommen. Im Katalog eines Versandhauses hat er Sport- und Freizeitschuhe angeboten gesehen, die ihm sehr gut

gefallen: weiches Leder, ganz einfacher Verschluß, rutschfeste Sohle, herrliche Farben (hellblau/mittelblau, grau/silber, weiß/rosé). David drängt seine Eltern, sie möchten doch ein Paar solcher Schuhe für ihn bestellen. Sein Freund Bastian hat nämlich auch solche Schuhe, und der kann so gut darin flitzen. Aus dieser Einstimmung entwickelt sich das Problem. Was ist zu tun, wenn im Versandhaus ein Paar Schuhe dieser Art für David bestellt werden soll? (Kann man einfach an das Versandhaus schreiben: Schicken Sie ein Paar hübsche blaue Sportschuhe für David?)

Die Diskussion über das Thema „Einkauf von Schuhen im Versandhaus", die viele Aspekte hat (Warum im Versandhaus kaufen und nicht im Schuhgeschäft? z.B.) führt bald zu der Feststellung, daß dem Versandhaus außer der gewünschten Farbe und Art (Bestellnummer) vor allem auch die **Schuhgröße** mitgeteilt werden muß. Im Ka-

S 2117 NIKE Dyno. Kinderlauf- und Freizeitschuh mit Velcroverschluß, Obermaterial Polyamid, weicher Sohlenkeil, Gummilaufsohle mit Sägezahnprofil; **hellblau/mittelblau, grau/silber, weiß/rosé.   Gr. 25-38/59,90**

talog steht (der Lehrer hat einen Ausschnitt mitgebracht), daß die gewünschten Schuhe in den Größen von 25 bis 38 vorrätig sind. Aber, was heißt das, Größe 27 z.B.?

Viele Kinder der Klasse kennen vermutlich ihre Schuhgröße. Aber wenn David seine Schuhgröße nicht weiß? Ob er sie selbst herausfinden kann? Vielleicht haben alle Kinder von 8 Jahren dieselbe Schuhgröße? . . .

Die Kinder machen Vorschläge.

Aus eigener Erfahrung wissen sie, daß es hauptsächlich auf die Länge ankommt. Der Schuh darf (innen) nicht viel länger sein als der Fuß, aber auf keinen Fall kürzer.

Also sollte David seine Fußlänge messen.

Das wollen wir jetzt alle einmal tun.

Zunächst wird darüber gesprochen, wie man das wohl am besten anstellt.

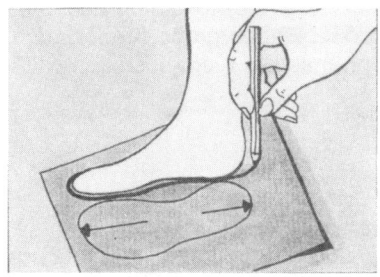

Wir können uns darauf einigen, zuerst von beiden Füßen sorgfältig einen Fußumriß zu zeichnen, was am besten in Partnerarbeit gemacht wird, um dann daraus die Länge dieses Fußumrisses mit dem Lineal abzumessen. Natürlich ist es spannender, wenn vorher geschätzt wurde und die Schätzwerte notiert wurden. Dann können wir jetzt nach dem Messen feststellen, wie groß der Unterschied zwischen Schätz- und Meßwert ist.

Es muß auch geklärt werden, wie genau wir messen sollen. Wir einigen uns: so genau, wie es unser Lineal zuläßt, also auf mm genau. Wir schreiben dann z.B. 204 mm oder aber auch 20 cm 4 mm. Daß das Messen genauer sein muß als auf cm, kann als plausibel herausgefunden werden. Möglicherweise entwickeln wir eine Liste (evtl. ohne Namen, nur mit angenommenen Nummern!) über die Fußlängen aller Schüler in der Klasse, um ganz deutlich zu sehen, wie stark die Werte streuen. Dabei können sich Rechenaufgaben anbieten: Unterschied zwischen größtem und kleinstem Wert; Vergleich aller Werte mit einem bestimmten, usw. Auch ist die Frage interessant, ob bei jedem Kind beide Füße gleichlang sind und wie mögliche Unterschiede erklärt werden könnten.

Aber weiß nun David, welche Schuhgröße er hat, wenn er die Fußlänge kennt? Die Kinder, die Fußlänge und Schuhgröße von sich selbst nun wissen, merken, daß das zwei ganz verschiedene Maße sind.

Hier hilft nun nichts: Der Lehrer muß eine Umrechnungstabelle mitteilen.

Fußlänge (in mm)	166	173	179	186	193	199	206	213	219	226	233	239	246	253	259
Schuhgröße	26	27	28	29	30	31	32	33	34	35	36	37	38	39	40

Jetzt kann jedes Kind aus der Fußlänge seine Schuhgröße ablesen und/oder sein Vorwissen kontrollieren. Auch David.

Was wäre, wenn sein Fuß 201 mm = 20 cm + 1 mm lang ist? Es wird geklärt, daß er dann vernünftigerweise nicht Größe 31 sondern Größe 32 wählt.

Kommentar: Die merkwürdigen deutschen Schuhgrößen verstehen sich aus der Tradition: es sind sogen. Pariser Stiche, wobei gilt: 28 cm = 42 Pariser Stiche, oder kürzer 2 cm = 3 Pariser Stiche. Man erhält also rechnerisch die Schuhgröße, wenn man die Schuhlänge (in cm) halbiert und das Ergebnis mit 3 malnimmt. Die Schuhlänge ist natürlich um einige mm größer als die Fußlänge. Erhöhen wir unsere gemessenen Fußlängen um 7 mm, so können wir ganz gut hieraus die Schuhgrößen ausrechnen: z.B. 213 mm + 7 mm = 22 cm, 22 cm : 2 = 11 cm, 11 x 3 = 33. Mögliche Anschluß-probleme: Vergleich Fußlänge — Körpergröße. Haben große Kinder auch immer große Füße? — Was ist zu tun, wenn man ein Kleid bestellen will? usw.

3.8 Den Wecker stellen (Klasse 2)

Der Lehrer provoziert mit einer Geschichte: Lutz wollte unbedingt das Feu-erwerk sehen, das um Mitternacht statfinden sollte. Weil er Angst hatte, er würde nicht wach werden und die Mutter würde ihn nicht wecken, stellte er den Wecker. Schon am Vormittag, als er gegen 11 Uhr aus der Schule kam, stellte er den Wecker auf 12 Uhr. Dann ging er spielen. Und abends gegen 19 Uhr ging er zu Bett und schlief mit der Vorfreude auf das Feuerwerk bald ein. Aber er verpaßte es. Als er aufwachte, war es schon Morgen.
Könnt ihr das erklären?
Von den möglichen Ursachen für dieses Unglück (zu tiefer Schlaf, Wecker zu leise, Wecker stehen geblieben, . . .) wird der Denk-Fehler von Lutz her-ausgearbeitet: Er hat nicht bedacht, daß der Wecker nur im 12-Stunden-Rhythmus funktioniert, daß er also schon mittags um 12 Uhr ablief, als Lutz draußen spielte.
Damit sind wir jedenfalls mitten in der Thematik: (genaueres) Kennenlernen der Uhr unter dem besonderen Blickwinkel des Weckerstellens, wobei Er-fahrungen zu Zeitpunkten und Zeitspannen geordnet werden sollen.
Der Lehrer hat mehrere verschiedenartige Wecker mitgebracht und Modell-material bereitgestellt.
Zunächst werden die Kinder aus dem eigenen Erleben berichten können (über Frühaufstehen, Radiowecker, Wachwerden, Weckerversagen, fal-sches Einstellen, im Schlaf Wecker ausdrücken usw.).
Wir sammeln Situationen, in denen ein Wecker, ein Lautgeber, ein Signal notwendig oder doch nützlich ist:
— beim Aufwachen morgens
— beim Kuchenbacken
— beim Eierkochen
— beim Pausenanfang und -ende in der Schule
— bei Zugabfahrt
— bei Ende der Fabrikarbeit usw.
Dann müssen natürlich die vorhandenen Wecker untersucht und vor allem in Funktion gesetzt werden. Dabei ergibt sich von selbst die Notwendigkeit, Uhrzeiten einzustellen und abzulesen, z.B.: Dieser Wecker soll in 5 Minuten (in 10 Minuten, jetzt gleich, zu Ende der Stunde, . . .) läuten. Kannst du ihn einstellen? Zur systematischen Einübung werden an die Schüler einfache

Pappmodelle verteilt, je 2 Schüler erhalten einen „Wecker". Ein weiteres Modell liegt auf dem Tageslichtprojektor bereit.
Die Zeiger sind aus Karton (möglichst farbig) und werden (mit Reißzwecken und einem Stückchen Balsaholz) befestigt.

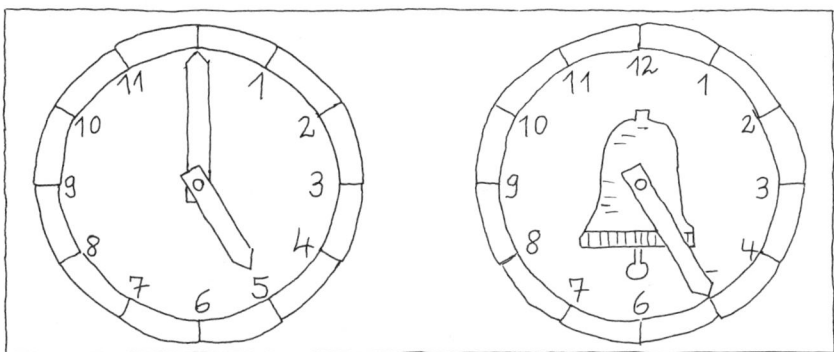

Die meisten heutigen Wecker haben zwar den Zeiger für die Weckereinstellung auch auf dem eigentlichen Uhrzifferblatt, für unsere Zwecke ist es aber besser, ein eigenes Zifferblatt für die Weckereinstellung zu haben (wie es früher oft auf den Weckern der Fall war).
Möglicherweise müssen jetzt zuerst — zumindest für einige Kinder — grundlegende Orientierungen an der Uhr wiederholt werden: was der kleine/große Zeiger bedeutet; wie man sieht, daß es 1 Stunde später ist; aus wieviel Minuten eine Stunde besteht; aus wievielen Stunden ein ganzer Tag (von Mittag bis Mittag) usw.
Die Hauptaktivität ist dann das Weckerspiel, z.B.: Der Wecker soll zum Ende des Unterrichts läuten. Wann ist das? Um „halb zwölf". Wir stellen den Weckerzeiger so genau wie möglich ein, auf die Mitte zwischen 11 und 12. Wieviel Uhr ist es jetzt? Genau 9 Uhr. Wir stellen die Uhrzeiger ein. Wie lange dauert es, bis der Wecker läutet? Und wie wird es in 20 Minuten aussehen? Oder: Der Wecker soll in 50 Minuten läuten (Backzeit). — Oder: Der Wecker soll heute nachmittag um 16 Uhr läuten, weil dann ein toller Film im Fernsehen anfängt. Oder: Der Wecker soll heute nachmittag um 16.40 Uhr läuten, weil ich dann zum Bus gehen muß. Oder: Der Wecker soll heute abend um 18.15 Uhr läuten, weil ich dann schnell noch etwas einkaufen muß, usw.
Weitere Übungen können in Partnerarbeit gespielt werden, etwa: Der Wecker soll immer sofort läuten. Einer stellt eine Uhrzeit ein und nennt sie auch (z.B. „Viertel nach 8"), der Partner muß den Weckerzeiger so genau wie möglich auf dieselbe Zeit einstellen; dann Rollentausch. Abwandlung: Der Weckerzeiger soll nicht dieselbe Zeit zeigen, sondern 7 Stunden später. Oder: Jeder der Partner stellt auf „seiner Uhr" irgendeine Zeit ein. Beide überlegen dann, wie lange es dauert, bis der Wecker läutet.

Kommentar: Es ist ebenso notwendig, die Zeiterfahrung in das wirkliche Leben einzubinden (Schulzeit, Essenszeit, Geschäftsschluß, Dämmerung, Schlafenszeit, . . .), wie Zeitspiele auf den Modelluhren zu betreiben. Das Spielen ist nur eine vorübergehende Entfernung von der Wirklichkeit, aber eine unbedingt notwendige, denn durch das Spielen wird gerade ein vertieftes Wirklichkeitsverständnis möglich. Unbedingt notwendig ist es, daß jedes Kind die Gelegenheit erhält, praktisch tätig zu sein.

3.9 Axel möchte so gern ein Kätzchen (Klasse 2/3)

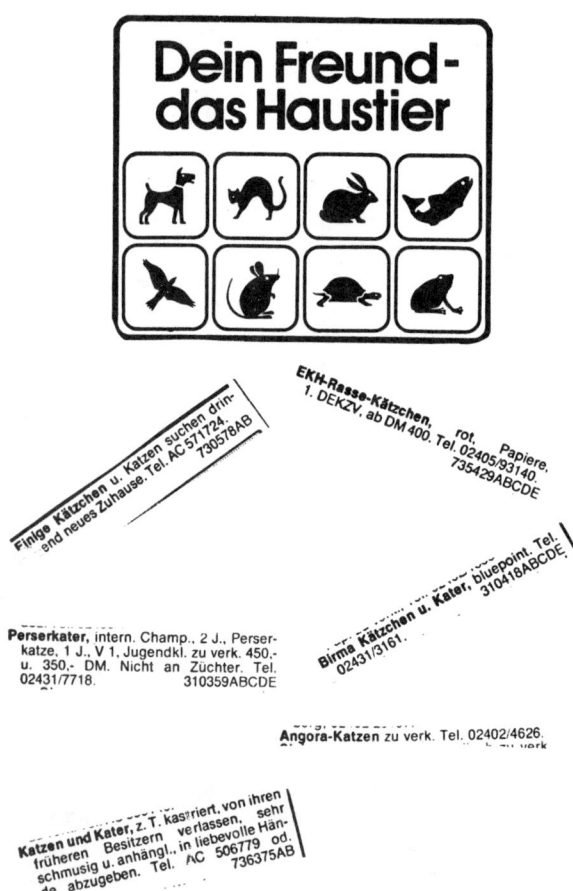

Am liebsten hätte er eine Perserkatze mit weißem und langhaarigem Fell, mit hellblauen Augen und einem roten Näschen. Aber die sogenannten Edelkatzen sind sehr teuer, zu teuer; mehrere hundert Mark kosten sie. Im Tierheim bekommt man für wenig Geld oder gar geschenkt sehr hübsche Hauskatzen, schwarze, weiße, gefleckte, getigerte, ... usw. Auch in der Zeitung werden oft junge Katzen angeboten.

So etwa könnte ein Gespräch über Axels Wunsch beginnen: Man braucht hier keine Sorge um Motivation zu haben, die Kinder greifen das Thema Katze begierig auf; der Lehrer kann es durch eindrucksvolle Bilder eröffnen.

Ein Problem, das sich aus dem Gespräch entwickeln kann, ist: Was ist alles zu bedenken, wenn für Axel ein Kätzchen angeschafft werden soll?
— Ist Gelegenheit zum Wohnen und Ruhen für das Kätzchen da? (Katzenhäuschen, Katzenkorb)
— Ist Gelegenheit zum Auslaufen, Klettern und Kratzen da? (Katzentür, Kratzteppich)
— Wie soll das Kätzchen ernährt werden?
— Wer kann das Kätzchen richtig pflegen?
Mit der *Ernährung* beschäftigen wir uns etwas genauer. Fressen Katzen viel? Junge Katzen wiegen ungefähr 1500 g und fressen pro Tag Nahrung im Gewicht von ungefähr 150 g, also gerade den 10. Teil ihres Gewichts. Bei erwachsenen Katzen ist es so ähnlich, sie wiegen ungefähr 4000 g und fressen täglich Nahrung, die etwa 350 g wiegt. Ist das bei Menschen so ähnlich? Wieviel wiegst du und was wiegt das, was du täglich ißt?
Die meisten Hauskatzen bekommen Dosennahrung.

Aus der Zeitung:

Latz Katzen-Menü
mit Wild und saftiger Leber
oder mit zartem Rindfleisch
je 405-g-Dose -,79

Da gibt es eine große Auswahl, wir suchen in der Zeitung nach preisgünstigen Angeboten. Der Lehrer schreibt diese Anzeige an die Tafel. Es wird darüber gesprochen,
wieviel 405 g sind, was -,79 bedeutet und wieso der Preis so „krumm" ist. Daraus können wir die Aufgabe entwickeln, was die Dosennahrung für die Katze über eine längere Zeit etwa kosten wird.
Dazu runden wir den Preis pro Dose auf 0,80 DM. Inwiefern das gerechtfertigt ist, müßte besprochen werden: Preisschwankungen im Angebot und unterschiedliche Nahrungsmengen machen eine *genaue* Zukunftsberechnung sowieso unmöglich.
Eine Zeit-Preis-Tabelle wird entwickelt:

Anzahl der Tage mit je 1 Dose	1	2	3	4	5	6	7	14	28	30	31
Kosten für das Dosenfutter (DM)	0,80	1,60	2,40	3,20	4,—	4,80					

Möglicherweise muß der Zusammenhang erst noch einmal gründlicher erörtert und bildlich erhellt werden:

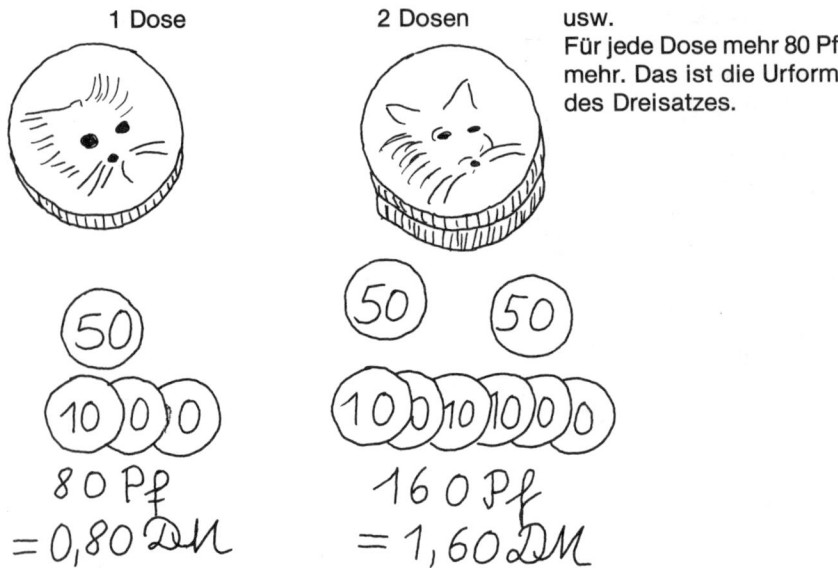

1 Dose   2 Dosen   usw.
Für jede Dose mehr 80 Pf
mehr. Das ist die Urform
des Dreisatzes.

80 Pf
= 0,80 DM

160 Pf
= 1,60 DM

Für einen Monat mit 30 Tagen ergibt sich doch eine ganz erkleckliche Summe: 24 DM. Ist das viel? Was bekommt man alles für 24 DM? — Wenn Axel die Kosten für das Kätzchen selbst von seinem Taschengeld bezahlen wollte, ginge das? Wie könnte es gehen? Vielleicht kann man das Kätzchen auch anders, billiger ernähren. Von Abfällen? Könnte die Katze nicht auch auf Mäusejagd gehen und für sich selber sorgen?

Es gibt noch andere laufende Kosten für die Katze. Sie muß ja im Haus eine Toilette haben, und dafür muß immer wieder Katzenstreu besorgt werden. Die Streu, sagt eine Nachbarin, die eine Katze hält, kostet pro Woche 4 DM. Jetzt gibt es weiteres zu rechnen und zu überlegen.

Kommentar: Ein solches für Kinder stark emotionsgeladenes (und eigentlich ganz „unmathematisches") Thema für das Sachrechnen aufzugreifen, ist nicht unbedenklich. Die Gefahr besteht, daß die mathematischen Aspekte zu aufgepfropft erscheinen, und, was schlimmer ist, die Kinder könnten es als Mißbrauch ihres Engagements ansehen, wenn nachher nur noch gerechnet wird und das hübsche lebendige Kätzchen völlig vergessen werden muß.

3.10 Wasser ist (nicht nur) zum Waschen da (Klasse 3)

Als Ausgangspunkt für ein *Gespräch* über den *Verbrauch von Wasser* dienen die Bilder, oder einige davon. Die Liste der Möglickeiten, Wasser zu verbrauchen, kann von den Schülern ergänzt oder spezifiziert werden, z.B. die Wohnungsreinigung zu: Fußboden, Treppen, Fenster, Badezimmerwände, usw. Es werden vielerlei persönliche häusliche Erfahrungen erinnert und eingebracht. Um noch stärker ins Bewußtsein zu heben, wie sehr wir Menschen täglich auf Wasser angewiesen sind, könnte (im Deutschunterricht) ein „realistischer Fantasieaufsatz" geschrieben werden: „Was wäre, wenn das Wasser für einen Tag überraschend abgeschaltet würde . . .?"

Ein erstes Problem im Mathematikunterricht ist: Wieviel Wasser wird denn für alle diese Tätigkeiten (baden, duschen, Wäsche waschen, . . .) verbraucht? Das ist ein Problem der Daten*beschaffung*. Besonders wertvoll wäre es, wenn für einige Tätigkeiten die Schüler selbst — u.U. in Arbeitsteilung — aus ihrer häuslichen Erfahrung durch direkte Beobachtung/Messung Daten sammeln würden. Natürlich können das nur stichprobenartige Näherungswerte sein. Einige Daten kann man auch schon in der Klasse abschätzen, z.B. für Zähneputzen: 2 Becher zum Putzen und Nachspülen der Zähne, 2 Becher zum Putzen der Bürste und des Bechers, macht 4 Becher, das zweimal pro Tag ergibt 8 Becher von je $1/4$ l, also 2 l pro Tag und Person. Um das Wasser für ein Wannenbad abzuschätzen, überlegen wir uns, daß ein voller Putzeimer etwa 10 l faßt. Am besten betrachten wir einen in der Klasse und lassen ihn einmal vollaufen. Dabei können wir auch die Zeit stoppen, die vergeht, bis er durch die Wasserleitung gefüllt ist. Schauen wir uns also einen vollen Eimer Wasser an und stellen uns dazu die Badewanne vor, so können wir zu einer einigermaßen vernünftigen Abschätzung kommen: 20 — 40 Eimer voll, also 200 l — 400 l, je nachdem wieviel Wasser wir hereinlassen. Zur Datenbeschaffung zu Hause (die allerdings auch delikat ist, man beachte den Datenschutz!) können konkrete Aufgaben gestellt werden; z.B.:

— Wieviel l Wasser verbrauchst du am Tag für Händewaschen/Zähneputzen/Duschen?
— Wieviel l Wasser verbraucht die Waschmaschine für eine Vollwäsche?
— Wieviel Wasser verbraucht der Vater für einen Hausputz? usw.

An Ermittlungsmethoden ist alles Brauchbare zugelassen: Eltern oder andere Leute befragen, selbst messen, an der Wasseruhr ablesen, Wasserrechnung benutzen u.ä.

Die Ergebnisse werden am anderen Tag (oder später) gesammelt, gesichtet, geordnet. Es kann auf eine Leitzahl hinauslaufen: durchschnittlicher Wasserverbrauch pro Person und Tag, der im Bundesdurchschnitt heute bei rd. 150 l liegt (im Jahre 1950 noch bei 85 l!), so daß wir ein Vergleichsmaß haben. Noch ein Vergleichsmaß: In einem speziellen 3-Personen-Haushalt betrug im Jahre 1983 der Wasserverbrauch pro Tag und Person im Durchschnitt 162 l.

Mit 150 l Wasserverbrauch pro Tag und Person, das sind also nicht weniger als 15 große Putzeimer voll oder nicht weniger als 10 Kästen mit je 15 Liter-flaschen voll (und dieses Wasser ist so schwer wie zwei normale Männer oder 4 — 5 Kinder zusammen!) haben wir nicht nur ein Vergleichsmaß für unsere Datenbeschaffung, sondern auch ein *Ausgangsmaß* für viele *weitere Folgerungen.* Wie groß ist dann der (durchschnittliche, mittlere, normale) Wasserverbrauch für eine Person pro Woche, für eine Person pro 30-Tage-Monat, für einen 4-Personen-Haushalt pro Tag, pro Woche, pro Monat? Das rechnen wir nicht nur aus, sondern machen uns durch vielerlei Vergleichen ein möglichst gutes Bild davon.

Den Wasserverbrauch für einen 4-Personen-Haushalt in 1 Woche etwa so:

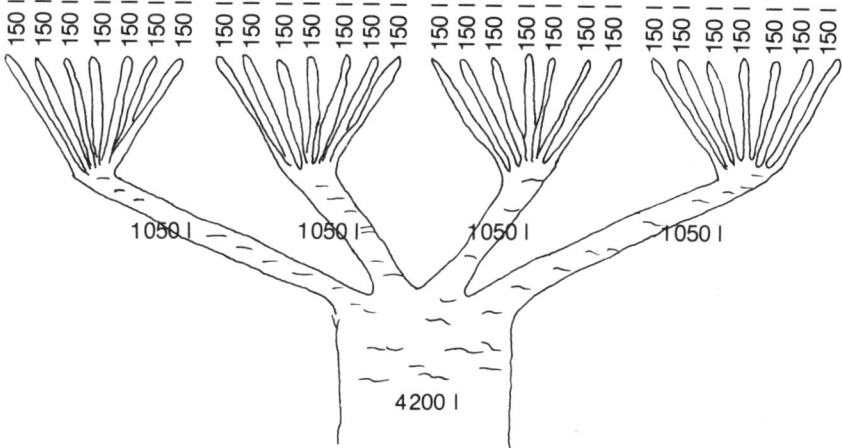

Und 4200 l sind 420 10-l-Eimer voll, 4200 l-Flaschen voll, mehr als 10 Badewannen bis zum Rande voll, usw.

1 l füllt gerade einen Würfel, der 10 cm lang, breit und hoch ist. 4200 l sind also 4200 solcher Würfel, die man zu einem solchen Quader zusammensetzen kann (wobei es schon fast ein Kunststück ist, hier die Maße Kubikdezimeter = 1 l und Kubikmeter = 1000 l nicht zu erwähnen):

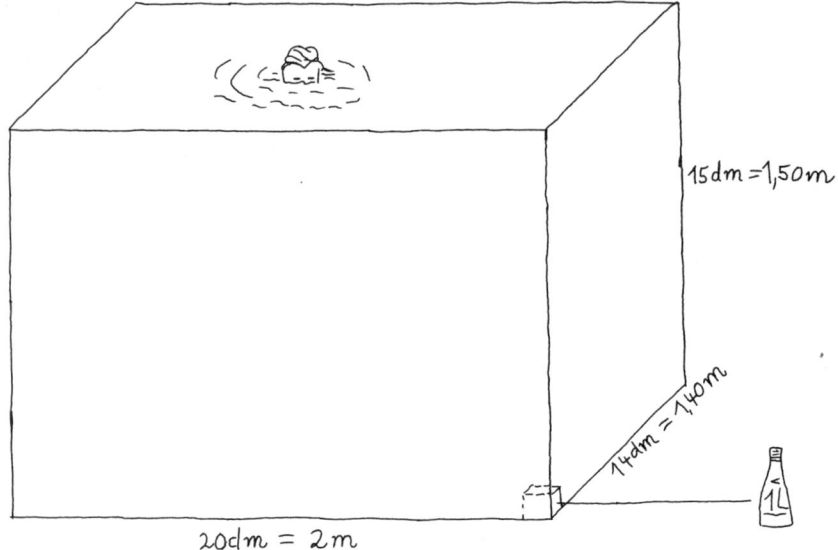

15 dm = 1,50 m

14 dm = 1,40 m

1 L

20 dm = 2 m

Diesen Wasserquader gibt der Lehrer in seinen Maßen vor, aber es wird dann im einzelnen begründet, daß es wirklich 4200 l sind: 20 Literwürfel gehen in eine Reihe, unten sind 14 Reihen, also gibt die Bodenschicht 14·20 = 280 Literwürfel; 15 solcher Schichten liegen übereinander, also sind es zusammen 15·280 = 4200 Literwürfel. Der Quader ist 2 m lang, 1,40 m breit und 1,50 m hoch, wir stecken das im Klassenzimmer ab, man könnte ihn schon als kleines Schwimmbad benutzen, besser noch dann, wenn wir ihn halb so hoch und dafür doppelt so lang machen würden.

Wir verbrauchen also sehr viel Wasser, an manchen Tagen im heißen Sommer besonders viel. Wir müssen jeden Tag allein ungefähr 3 l Wasser trinken, direkt oder in Speisen enthalten; wir bestehen selbst zu über der Hälfte aus Wasser. Höchstens 3 Tage hält es der Mensch aus, ohne etwas zu trinken (ohne Nahrung kann er wochenlang leben!). In manchen Gegenden der Erde gibt es oft viel zu wenig Wasser, viele Menschen verdursten auf schreckliche Weise.

Auch bei uns wird es immer schwieriger, genügend viel sauberes Wasser zu gewinnen und an die Leute zu verteilen. In den Fabriken wird noch sehr viel mehr Wasser verbraucht als in den Haushaltungen.

Wie könnte man zu Hause *Wasser sparen*?

— Regenwasser auffangen,
— tropfende Wasserhähne reparieren,
— duschen anstatt in der Wanne zu baden,
— beim Autowaschen nicht so großzügig sein,
— das Fassungsvermögen der Waschmaschine voll nutzen,

— mit Schnellkochtöpfen kochen (da werden außerdem noch Strom und Zeit gespart!) usw.

Wenn wir weniger Wasser verbrauchen, sparen wir auch Geld. 10 l Wasser kosten heute rd. 2 Pf. Das scheint sehr wenig zu sein. Wie hoch ist aber die Jahresrechnung für einen 4-Personen-Haushalt, wenn der tägliche Verbrauch pro Person 150 l ist? (bei 2 Pf pro 10 l wächst die Jahresrechnung auf stattliche 438 DM an!)

Kommentar: Das Thema ist nahezu unerschöpflich und dürfte wegen der vielen Aspekte, die auch für die mathematische Erziehung wichtig sind, nicht übergangen werden. Dabei haben wir hier nur eine kleine Auswahl von Bezügen angesprochen. Weitere Themen sind: Wo kommt unser Wasser her? — Was ist, wenn es längere Zeit nicht regnet? — Wieviel Wasser braucht ein Weizenfeld? usw.

3.11 Wiegen ohne Waage — der Meßbecher (Klasse 3)

Ausgangspunkt ist die vom Lehrer angedeutete Situation beim Kuchenbacken. Er schreibt an die Tafel:

Für einen Reiskuchen braucht man

200 g Mehl	$^3/_4$ l Milch
150 g Zucker	6 Eier
180 g Butter	30 g Zitronat
250 g Reis	50 g Mandeln

Da gibt es viel zu wiegen!

Natürlich müssen die Zutaten, eine Waage und ein Meßgefäß realiter in der Klasse vorhanden sein. Das Meßgefäß soll durchsichtig und zylindrisch sein, sein Durchmesser etwa 8 cm, seine Gesamthöhe etwa 20—50 cm betragen (vielleicht Spaghettiglas).

Die Eier brauchen wir nicht zu wiegen, da geht es nach Stückzahl. Trotzdem schätzen wir einmal ihr Gewicht und wiegen dann auf der Tafelwaage mit Gewichtssteinen aus. Zwischen Schätzen (mit den Augen und mit der Hand) und Wiegen schieben wir eine Art Schätzwiegen. Ein Kind ist selbst die Waage: Auf einer Handfläche trägt es ein Ei, auf die andere Handfläche läßt es sich so lange Gewichtssteine des Wägesatzes legen, bis es sagt: „Jetzt ist Gleichgewicht".

(In der Regel wird das Gewicht von Eiern unterschätzt, Hühnereier wiegen etwa 65 g).

Auch die Milch wird eigentlich nicht abgewogen. Es gibt große 1-l-Packungen (leider nicht Mehrwegflaschen!) und kleine $^1/_2$-l-Packungen. Wie bekommen wir aber $^3/_4$ l Milch? Möglichkeiten: nach Augenmaß (etwas aus der 1-l-Packung abgießen), mit einem Meßbecher, über Wiegen.

Die Aufgabe, 180 g Butter bereitzustellen, kann so gelöst werden: Von einem 250-g-Paket wird ein Stück nach Augenmaß abgeschnitten, wobei überlegt wird, daß 180 g fast $^3/_4$ vom Paket sind und ein Stück mehr als die Hälfte vom Paket ist. Wollen wir genauer sein, können wir dann noch durch Abschneiden oder Dazugeben das Ergebnis verbessern. Es ist wie beim Abwiegen von Wurst, Fleisch, Käse.

Mehl, Zucker, Reis und Mandeln lassen sich leicht und genau abwiegen. Beim Zucker kann es etwa so aussehen. Zunächst wird das Gefäß für den Zucker abgewogen, auf der einen Waagschale steht das Gefäß, auf der andern liegen so viele Gewichtssteine, daß Gleichgewicht herrscht. Dann wird die Schale mit den Gewichtssteinen um weitere 150 g beschwert (ein 100-g-Stein und ein 50-g-Stein), und aus der Tüte lassen wir so lange vorsichtig Zucker in das Gefäß rieseln, bis wieder Gleichgewicht da ist. Diese ganze Prozedur sollen die Kinder selbst planen und durchführen. (Nach meinen Erfahrungen ist dieses praktische Wiegen außerordentlich faszinierend für Kinder.) Natürlich wird vorher geschätzt, wie hoch die 150 g Zucker im Gefäß stehen werden. Dabei wird überlegt, daß 150 g ziemlich genau der 7. Teil der 1-kg-Packung ist, die wir vor uns sehen.

Das Wiegen nimmt viel Zeit in Anspruch. Vielleicht sagt spontan ein Schüler/eine Schülerin: „Meine Mutter wiegt den Zucker, den Reis und das Mehl überhaupt nicht mit der Waage; sie nimmt einen Meßbecher, da geht es viel einfacher und schneller." Ist das nicht der Fall, erfolgt ein entsprechender Anstoß durch den Lehrer: Wie könnte man sich das Abwiegen vereinfachen? Es wäre doch schön, wenn die Mutter/der Vater beim Backen und Kochen nicht immer wieder neu die Zutaten mit der Waage abwiegen müßten.
Erforderlichenfalls kann der Lehrer einen gezielteren Anstoß geben: Hier in diesem (durchsichtigen!) Gefäß sind jetzt 150 g Zucker, die habt ihr ja gerade selbst abgewogen. Wenn wir nun 300 g Zucker brauchten?

Ja, diese doppelte Menge stünde dann doppelt so hoch im Gefäß. Dabei wird ein zylindrisches, jedenfalls überall gleichweites Gefäß vorausgesetzt, nicht ein nach oben sich weitendes wie oft die käuflichen Meßbecher!

Mit dem Lineal wird die Höhe von 150 g Zucker gemessen, dieses Maß wird verdoppelt, und an dem Gefäß werden zwei Meßstriche angebracht, einer für 150 g Zucker und — doppelt so hoch — einer für 300 g. Und dann wird kontrolliert! Wir füllen Zucker bis zum 2. Strich auf und sehen nach, ob wir jetzt 300 g haben. Das ist wieder sehr spannend. Aber es kann auch Ärger geben, wenn es nicht *genau* stimmt, was sogar zu erwarten ist. Vielleicht müssen wir die Lage der Meßstriche verbessern. Es werden weitere Teilstriche angebracht, wobei immer doppelt verfahren wird: durch Messen der „Zuckerhöhe", durch Wiegen der Zuckermenge. Schließlich kleben wir eine Skala auf das Gefäß, eine Zuckermeßskala in 50-g-Schritten. Damit jedes Kind an der ganzen Aktion möglichst intensiv beteiligt ist, wird die Skala

Zucker

1000 g
900 g
800 g
750 g
700 g
600 g
500 g
400 g
300 g
200 g
150 g
100 g
50 g

Mehl | **Zucker**

Mehl: 700g, 600g, 500g, 400g, 300g, 200g, 100g, 50g

Zucker: 1000g, 900g, 800g, 700g, 600g, 500g, 400g, 300g, 150g, 100g, 50g

von allen Kindern hergestellt. Am besten ist es, wenn dabei von der Zuckerhöhe für 1000 g (die ganze Packung) ausgegangen wird, und diese Höhe dann in zuerst 10, dann 20 Stücke zerlegt wird. Wie gut unser selbst hergestellter Meßbecher für Zucker ist, wird an vielen Beispielen geprüft: Fülle 450 g ab, wiege nach, usw.

Es kann dabei auch besprochen werden, daß der Meßbecher umso besser ist, je schmaler und höher er ist, aber dann fällt er leichter um.

Und Mehl und Reis?

Es ist keineswegs selbstverständlich, ob wir unsere Meßskala für Zucker benutzen können. Wieder können die Kinder auf Entdeckungsfahrt gehen. Schaut die beiden 1-kg-Packungen an, die Packung Mehl, die Packung Zucker! Die Packung Mehl ist größer, nicht sehr viel, aber doch deutlich wahrnehmbar. Aber es steht doch auch 1 kg drauf! Wir prüfen auf der Waage, ja 1 kg. Die beiden Packungen (Zucker, Mehl) haben dasselbe Gewicht, aber nicht dieselbe Größe. Es muß hier ganz deutlich ins Bewußtsein kommen: Mehl braucht für dasselbe Gewicht mehr Platz, mehr Raum als Zucker.

Zwischenüberlegung: Wer kennt etwas, was für ein kg ganz viel Platz brauchte (Haferflocken, Styropor, Wolle, Federn, . . .), ganz wenig Platz brauchte (Sand, Stein, Eisen, Blei, . . .).

Wenn wir also 150 g Mehl in unserem Gefäß abwiegen würden, müßte es höher stehen als 150 g Zucker. Wir prüfen nach. Ja, die Zuckermeßlatte (Skala) ist für Mehl (so) nicht zu gebrauchen. Wir müssen eine neue für Mehl entwerfen. Wieder ist es am besten, die Mehlhöhe für 1000 g abzumessen (wenn so viel in unser Gefäß paßt; sonst für 500 g), und dann unterteilen wir (z.B. in Stillarbeit) und kleben schließlich die Mehlskala auch auf unseren Meßbecher.

Auf entsprechende Weise können wir auch noch eine Reisskala entwickeln. Es empfiehlt sich, für die verschiedenen Skalen verschiedene Farben zu verwenden.

Kommentar: Hier haben wir wieder eine Situation, die so nah an der Realität liegt, daß wir sogar etwas für den Haushalt Brauchbares selbst darstellen. Allerdings bedarf es beträchtlicher Vorbereitungen durch den Lehrer. Vor allem ist es wichtig, ein passendes (zylindrisches, durchsichtiges, geeignet großes) Gefäß zu besorgen. Die Schüler machen hier nicht nur (an einem Problem orientierte!) Erfahrungen zu Gewichten, Rauminhalten und Längen, sondern auch zu deren Zusammenhang, vor allem zum spezifischen Gewicht: Mehl ist (spezifisch) leichter als Zucker, was bedeutet: Haben beide dasselbe Gewicht, so nimmt die Mehlmenge mehr Raum ein als die Zuckermenge. Brauchen beide denselben Raum (dieselbe Höhe im Meßbecher), so ist die Mehlmenge leichter als die Zuckermenge.

3.12 Vor dem ersten Schwimmunterricht (Klasse 3/4)

Ausgangspunkt ist eine aktuelle Klassensituation:
Bald sollen die Kinder der Klasse Schwimmunterricht bekommen, in der Schwimmhalle-Ost. Das ist eine aufregende Sache.
Mehrere Kinder können schon schwimmen, und sie freuen sich auf das große Schwimmerbecken, das 25 m lang, 12,50 m beit und von 1,90 m bis 3,90 m tief ist. Die Schwimmanfänger werden zuerst Unterricht im Nichtschwimmerbecken haben; das ist 10 m lang, 8 m breit und von 0,40 bis 1,20 m tief. Vielleicht gibt es ängstliche Gesichter. 1,20 m, ist das nicht zu tief? Das ist das 1. Problem. Was bedeutet 1,20 m Wassertiefe? Einige Schüler können an ihrem Körper zeigen, wie hoch dann das Wasser steht. Auf einem Papierstreifen an der Wand soll dann jedes Kind seine Höhenschätzung durch einen Strich eintragen und sich seinen Strich merken. Hierbei treten natürlich Mitläufereffekte auf. Als Schätzhilfe dient die Tafel, die 1 m hoch ist. Es wird auch angeschrieben 1 m = 100 cm, 1,20 m = 120 cm. Danach werden die Höhenmarken mit Zollstöcken (mehrere Meßgruppen bilden) nachgemessen. Das Ergebnis wird besprochen. Wer hat die beste Schätzung? Alle, die höchstens 10 cm zu hoch oder zu niedrig geschätzt hatten, können wir Schätzmeister nennen. Haben mehr Kinder überschätzt als unterschätzt? usw.
Die Höhe 1,20 m wird deutlch auf einer Wand (Papierstreifen) markiert und mit anderen Höhen in unserer Klasse (Tische, Stuhlsitzflächen, Fensterbänke, . . .) verglichen: höher als, so hoch wie, niedriger als. Jedes Kind tritt an die Marke heran und überträgt diese Höhe auf seinen Körper (eindrücken, mit Kreide einen Strich machen, jedenfalls markieren — merken). Da gibt es aber große Unterschiede! Manchen steht das Wasser bis an die Nase, anderen reicht es nur bis zur Brust. Vielleicht ist sogar ein Kind unter Wasser, wir haben große und kleine Kinder in der Klasse.

Das gibt Veranlassung, die Körpergröße aller Kinder zu messen und in einer alphabetischen Liste aufzuschreiben. Möglichst viele Kinder sollen am Messen beteiligt sein. Es ist eine technische Erleichterung, wenn der Lehrer eine entsprechende Wandleiste aus Pappe (die man auch käuflich erwerben kann) zur Verfügung stellt. Damit sind in wenigen Minuten alle Kinder gemessen. Auch eine Namensliste ist für jedes Kind vorhanden, so daß die Werte zügig eingetragen werden können. In einer Aachener Klasse ergab sich:

Name	Größe (cm)	Name	Größe (cm)
Christiane	139	Dirk	146
Gabriela	140	Fabian	141
Heike	127	Franz-Willi	149
Jeannett	143	Friedrich	134
Jenny	145	Holger	140
Katharina	137	Jochen	145
Katja	122	Jörg	150
Manuela	136	Lars	135
Nina	137	Lutz	150
Petra	134	Mark	138
Stephanie	145	Odo	147
Verena	145	Sascha	132
André	150	Thomas	135
Bernhard	145	Torsten	133

Diese Datenliste kann auf verschiedene Arten (auch später noch) weiter verarbeitet werden. Hier interessiert zunächst, um wieviel cm jedes Kind die Wasserhöhe 1,20 m überragt. Weitergehende Fragen können sein: Wieviele Kinder überragen die Wasserhöhe um mindestens 15 cm (20 cm, 25 cm)? Um Wieviel cm sind die Kinder im Durchschnitt höher als der Wasserspiegel? usw. In einer 4. (oder höheren) Klasse empfiehlt sich eine Fortsetzung der Thematik.

Der Lehrer gibt den Anstoß: Denkt euch, alle (28) Kinder gingen auf einmal ins Nichtschwimmerbecken! Die Situation wird plastisch beschrieben. Vielleicht kommt dabei ein Kind spontan darauf, daß dann auch das Wasser steigt. Der Effekt kann an einem Zahnglas und einem Püppchen gut simuliert werden. Die Kinder berichten über entsprechende Erfahrungen: mit dem Körper ins Badewasser eintauchen (evtl. schwappt es dann über); Wurststücke in die Suppe oder Eiswürfel in die Limonade geben oder Blumen in die Vase stecken; usw.

Unser 2. (anspruchsvolleres!) Problem ist: Wird das Wasser merklich steigen, wenn alle (28) Kinder voll in das Becken eintauchen?

Es werden Vermutungen geäußert, Vorschläge zu Bearbeitung gemacht. An einem Meßbecher können kleine Beobachtungen angestellt werden: Wir haben z.B. $\frac{1}{2}$ l Wasser drin und tauchen dann ein Stück Knete ein, von dem wir vorher festgestellt haben, daß es ¹/₄ l groß ist. Wir sehen, daß das Wasser jetzt auf ³/₄ ansteigt.

Das Problem ist aber: Wie groß sind die Kinder? Genauer: Wieviel l groß sind die Kinder? Wieviel l Raum nehmen sie im Wasser ein und drücken es damit nach oben? Wie mißt man den Rauminhalt von Kindern? Wir haben leider keinen Riesenmeßbecher! Der Lehrer teilt nun mit, daß Menschen ungefähr so schwer wie Wasser sind (ein bißchen schwerer, sonst wäre ja das Schwimmen leichter!), daß also 1 l Mensch ungefähr 1 kg wiegt. Jetzt kann über Wiegen der ungefähre Rauminhalt der Kinder bestimmt werden. In der o.g. Klasse erhielten wir

Name	Gewicht (kg)	Name	Gewicht (kg)
Christiane	33	Dirk	36
Gabriele	35	Fabian	30
Heike	27	Franz-Willi	35
Jeannett	28	Friedrich	34
Jenny	30	Holger	28
Katharina	26	Jochen	29
Katja	26	Jörg	33
Manuela	28	Lars	28
Nina	25	Lutz	33
Petra	25	Mark	30
Stephanie	32	Odo	29
Verena	40	Sascha	30
André	33	Thomas	28
Bernhard	33	Torsten	22

Das Gesamtgewicht aller Kinder — hier 846 kg — sagt, daß im Becken so viel l mehr sind, wenn alle Kinder ganz eintauchen. Der Wasserspiegel wird dann auf jeden Fall höher stehen. Aber wird man den Unterschied sehen können? Wird er vielleicht um 10 cm steigen? Wir können das so rechnerisch überprüfen. Das Becken ist ja 10 m lang und 8 m breit. Wenn das Wasser um 10 cm steigt, dann ist der Rauminhalt um 100·80 = 8000 l gewachsen, denn 1 l ist so groß wie ein Würfel mit 1 dm = 10 cm Seitenlänge. (In die Breite passen 80 Literwürfel, 100 solcher Literstangen gibt es!) Durch das Ansteigen um 10 cm kommt also eine Schicht von 8000 Literwürfeln dazu. Ale Kinder zusammen nehmen aber nur rd. den 10. Teil davon ein. Das Wasser kann also durch sie nicht um 10 cm, sondern nur um etwa 1 cm steigen. Das wird man nicht sehen können, aber wir können uns vornehmen, das in einer Schwimmstunde einmal mit einem Zollstock genau nachzumessen.

Kommentar: Die Frage nach der Körpergröße ist hier in eine — auch emotional beladene — Fragestellung eingebettet. Die Schüler machen Längenerfahrung und Meßerfahrung an sich selbst, was nicht hoch genug eingeschätzt werden kann. Zahllose weitere Fragestellungen, die auch zum

Rechnen und Sortenverwandeln führen, drängen sich angesichts der Datenliste auf. Was wäre, wenn das Wasser im Becken nur 8 dm hoch stünde? Wie hoch müßte das Wasser (höchstens) stehen, wenn diese 28 Kinder mindestens 30 cm (35 cm, . . .) darüber hinausragen sollen (wenn diese Kinder durchschnittlich 20 cm größer sein sollen als das Wasser hoch steht)? usw.

Den 2. Teil wird man nur in einschlägig geübten Klassen versuchen können. Das Problem ist allerdings sachkundlich (physikalisch) und mathematisch sehr gehaltvoll.

Da wir von jedem der 28 Kinder Körpergröße und -gewicht wissen, können wir an einer 4-Felder-Tafel auch den Zusammenhang zwischen Größe und Gewicht untersuchen:

	leicht	schwer
klein		
groß		

3.13 Der Geburtstagsbrief nach München (Klasse 3)

Ausgangssituation: „Katja wohnt in Aachen, ihre Großmutter in München. Bald hat die Großmutter Geburtstag, und Katja möchte ihr eine Freude machen. Was schlagt ihr vor?"
Katja könnte
(1) hinfahren und die Großmutter besuchen,
(2) der Großmutter eine Karte oder einen Brief schreiben,
(3) der Großmutter ein Päckchen senden,
(4) mit der Großmutter an ihrem Geburtstag telefonieren,
(5) der Großmutter über Fleurop Blumen schicken,
(6) der Großmutter ein Telegramm senden,
(7) für die Großmutter ein Lied im Radio wünschen,
(8) . . .
Über die (oder einige) Vorschläge wird vergleichend gesprochen. Der Vorschlag (1) ist sicher sehr gut, die Großmutter würde sich bestimmt riesig freuen, aber München ist *sehr weit von Aachen weg*. Wie weit denn. Ungefähr 650 km.
Kannst du dir das vorstellen? Von Aachen nach Köln sind es 70 km, also ist München mehr als 9mal so weit weg wie Köln. Wie lange brauchte deine Mutter im Auto, wenn sie in der Stunde durchschnittlich 80 km (90 km, 100 km) schafft? Wie lange brauchte Katja als Fußgängerin, wenn sie in jeder Stunde 4 km zurücklegen kann? —

Und teuer wäre die Reise nach München! Das Auto von Katjas Mutter verbraucht für 100 km 10 l Benzin und davon kostet 1 l 1,35 DM. Da gibt es zu rechnen. Auch eine Bahnfahrt wäre nicht billig, da muß man für 100 km einfache Fahrt ungefähr 20 DM rechnen. Und schließlich sind keine Ferien, Katja könnte sowieso nicht nach München reisen.

Katja entscheidet sich für einen *Brief*.

Warum wohl? Vergleicht es mit Telefonieren, Telegrafieren, Blumen senden, ... Vor- und Nachteile werden erwogen. Was wird Katja wohl der Großmutter schreiben? Was würdest du *schreiben*?

(Deutschunterricht: Was man alles in einem Brief schreiben kann: grüßen, Glück wünschen, Gesundheit wünschen, danken, bitten, erzählen, fragen, . . .)

Hier ist ein normaler *Briefbogen*, wie ihn Katja benutzt. Schaut ihn an. (Jedes Kind erhält einen). Er hat eine rechteckige Form. Warum wohl? Und wie groß ist er? Schätzt zuerst und meßt dann.

Sehr merkwürdig, es sind keine glatten Zahlen. Wir finden nach einiger Mühsal: Er ist 297 mm lang und 210 mm breit. Ob das etwas zu bedeuten hat? Der Lehrer schlägt vor, einen Briefbogen durch Falten und Schneiden fortgesetzt zu halbieren und zu versuchen, die kleineren Formate so zu legen, daß ein möglichst schönes Bild entsteht. Es können diese beiden Bilder entstehen, die zeigen, daß die Formate gut zueinander passen.

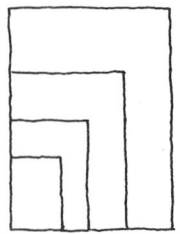 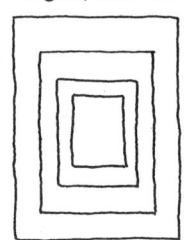

Die kleineren Formate werden auch ausgemessen und das Gemessene rechnerisch kontrolliert, denn die Länge des nächsten Formats ist ja gerade die Breite des betrachteten, und die Breite des nächsten Formats ist die Hälfte der Länge des betrachteten.

Eine Tabelle liefert den Überblick

Länge	Breite
297 mm	210 mm
210 mm	148 mm
148 mm	105 mm
105 mm	74 mm
. . .	. . .

In der 3. Zeile haben wir übrigens gerade das Postkartenformat.

Wenn der Gedanke der Formate noch weiter verfolgt werden soll, so werden die Schüler aufgefordert, einen Bogen mit anderen Ausgangsmaßen (etwa 30 cm lang, 20 cm lang) fortgesetzt zu halbieren: Da kann man die kleineren Formate nicht so schön passend aufeinanderlegen wie beim richtigen Briefbogenformat.

Der (beschriebene) Briefbogen wird gefaltet und in einen Briefumschlag gesteckt. Warum eigentlich? Warum nicht z.B. Absender und Empfänger auf den Briefbogen schreiben?

Der *Briefumschlag*, jedes Kind erhält einen, fordert zu neuen Aktivitäten und Überlegungen heraus. Absender und Empfänger müssen drauf stehen. Warum genügt es nicht, „an meine Oma" auf den Umschlag zu schreiben? Wir schauen uns die Adresse von Katjas Großmutter an:

Frau
Margarethe Klein
Frankenstr. 17
8000 München 41

Steht genug da? Steht zuviel da? Ist „Frau" unbedingt notwendig? Ist „17" unbedingt notwendig? Wieso soll man außer „München" auch noch die Postleitzahl „8000" angeben?

Siehst du eine Ordnung in der Adresse? Ja, es weitet sich immer weiter, aus:

Frau Margarete Klein
↓
Mitglieder der Familie Klein
↓
Bewohner des Hauses Frankenstr. 17
↓
Leute, die in der Frankenstraße wohnen
↓
Leute im Postbezirk 41
↓
Leute von München

Kannst du dir denken, wie es noch weitergehen könnte?

Wenn Absender und Empfänger auf dem Umschlag stehen, fehlt immer noch etwas: die *Briefmarke*. Was für eine brauchen wir? Wir schauen im Postgebührenheft (austeilen!) nach und lesen dort: Standardbrief (bis 20 g) 0,80 DM. Hat Katja einen Standardbrief? Wir müssen auf Größe und Gewicht achten. Der Brief muß u.a. zwischen 140 mm und 235 mm lang und zwischen 90 mm und 120 mm breit sein. Wir messen nach. Er darf auch höchstens 20 g wiegen. Schön wäre es, wenn wir jetzt eine Briefwaage hätten! Katja hat nur einen Bogen benutzt, wie schwer ist der wohl? (In einer Klasse meinte ein Schüler, ein Papierbogen wiege gar nichts, denn er flattere ja auf die Erde. Eine Schülerin widersprach mit einem unglaublich guten, weil deduktiven Argument: Wenn ein Bogen nichts wöge, dann wögen ja auch 100 Bögen nichts, dann wögen auch Bücher nichts!). Wir könnten uns mit einer großen Waage behelfen, wenn wir einen ganzen Stoß Briefbögen abwiegen würden. Natürlich gibt es auch unterschiedlich dickes Briefpapier. Normales Schreibmaschinenpapier wiegt etwa 5 g im Bogen (DIN A 4).

Jedenfalls verlangt die Post 0,80 DM Gebühr für den Transport des Briefes. Nun ist München ja auch sehr weit! Das hat nichts zu bedeuten, von Aachen nach Frankfurt (halb so weit weg) oder gar von Aachen nach Aachen würde der Brief auch 0,80 DM kosten.

Ist das nicht sehr merkwürdig? Vielleicht gar nicht so, denn wenn es bei normalen Briefen auch noch auf die Entfernung ankäme, wäre das sehr kompliziert. Die Leute müßten Tabellen und mehrere Sorten Briefmarken zu Hause haben. Außerdem ist die Arbeit der Postbeamten (sammeln, stempeln, sortieren, . . .) praktisch dieselbe, ob der Brief nun weit oder nicht so weit weg versandt wrid.

Ist 0,80 DM viel Geld? Was gibt es sonst für 0,80 DM? Beispiele!

Früher war das Porto für einen Standardbrief niedriger:

Jahr	Gebühr für Standardbrief	Jahr	Gebühr für Standardbrief
1963	0,20 DM	1975	0,50 DM
1965	0,20 DM	1977	0,50 DM
1967	0,30 DM	1979	0,60 DM
1969	0,30 DM	1981	0,60 DM
1971	0,30 DM	1983	0,80 DM
1973	0,40 DM	1985	0,80 DM

Diese Tabelle gibt nicht nur Anlaß zum Vergleichen und Darstellen in einem Streckenbild (um die Geschwindigkeit in der Preisänderung zu sehen), sondern auch zu weitergehenden Fragestellungen: Sind die Preise für andere Sachen auch so gestiegen? Und wie ist es mit den Löhnen gewesen?

Kommentar: Die Teilthemen können ganz unterschiedlich gewichtet werden, z.B. kann man sich weitgehend auf die Papierformate beschränken und also die Erfahrungen zu Längen betonen. Auf jeden Fall ist es unumgänglich, authentisches Material für die Hand jedes Kindes bereitzustellen: Briefbogen, Umschläge, Gebührentabellen, Waagen.

3.14 Von Aachen nach Köln und zurück — ein Fahrplan wird studiert (Klasse 4)

Ein aktueller Anlaß für ein Gespräch über eine Reise nach Köln könnte eine geplante Klassenfahrt oder ein Familienausflug sein: Was könnten wir in Köln ansehen/besuchen? (Dom, Röm.-German. Museum, Rhein, Zoo, . . .) Wie weit ist Köln entfernt? In welcher Richtung liegt es? Über welche Städte kommt man auf der Reise nach Köln? Welche Landschaften wird man unterwegs sehen? Wie wollen wir reisen, auf der Straße oder auf der Schiene? usw. Das sind einige mehr sachkundliche Fragen, die besprochen werden. Die letzte greifen wir hier auf: Wir wollen mit der Eisenbahn reisen. Was ist da alles vorher zu erkunden? Wir besorgen uns am Bahnhof Informationen, z.B. diese Übersicht über alle Züge Aachen — Köln und zurück.

Aachen — Köln

	ab	Zug	an	Bemerkungen
	0 57	D 219	1 37	
	2 37	D 235	3 18	
Ⓐ	4 13	8001	5 21	
	4 51	E 3645	5 42	nicht 25. XII., 1. I.
	5 26	D 243	6 08	✕
✕	5 35	6555	6 43	
†	5 45	E 3647	6 49	
Ⓐ	5 54	E 3105	6 49	
⑥	6 09	8009	7 16	
Ⓐ	6 15	3649	7 19	
†	6 27	E 3653	7 27	
✕	6 30	D 2304	7 24	
Ⓐ	6 45	E 3655	7 40	
③	7 08	IC 633	7 49	
⑥	7 10	E 3651	8 10	
Ⓐ	7 11	8013	8 23	
	7 34	E 3060	8 27	
	7 53	3263	9 06	
	8 46	D 311	9 30	✕
	9 12	E 3007	10 06	
	9 46	D 313	10 30	
	9 59	E 3009	10 54	
	10 49	E 3661	11 41	
	11 54	D 315	12 37	ⵢ
	12 06	IC 135	12 45	-zuschlagfrei
	12 13	8023	13 21	
	12 54	E 3064	13 48	
✕	13 13	3013	14 21	
	13 54	D 319	14 37	✕
	13 57	3066	14 54	
⑥	14 23	8027	15 34	nicht 24., 31. XII.
	14 49	E 3667	15 42	
Ⓐ	15 19	3287	16 27	
	15 46	D 321	16 30	
†	15 50	E 3671	16 43	
✕	15 59	E 3027	17 00	
	16 07	IC 149	16 46	
✕	16 30	8031	17 42	nicht 24., 31. XII.
Ⓑ	16 55	E 3673	17 46	
	17 10	8033	18 20	
	17 46	D 323	18 30	✕
	17 55	E 3031	18 48	
	18 46	IC 137	19 29	-zuschlagfrei
	19 02	E 3677	19 57	
✕	19 30	E 3679	20 34	
	19 54	D 325	20 37	✕
Ⓐ	20 14	8041	21 24	
	20 48	D 225	21 27	ⵢ
Ⓐ	21 02	E 3683	21 54	
	21 38	D 245	22 19	
	21 54	D 233	22 33	
	21 58	D 241	22 38	
	22 02	D 327	22 45	✕
③④	22 13	D 431	22 51	
	22 47	8043	23 56	nicht 24., 31. XII.

Köln — Aachen   (Stand: Winter 84/85)

	ab	Zug	an	Bemerkungen
	0 43	3680	1 48	nicht 25. XII., 1. I.
	4 47	D 218	5 29	
✕	5 15	8002	6 30	nicht 24., 31. XII.
✕	6 05	E 3650	6 56	
✕	6 34	3024	7 39	
†	6 36	8004	7 41	
	7 05	D 310	7 46	
㉟	7 15	D 430	7 55	
	7 24	D 244	8 07	
	7 48	E 3000	8 40	
	8 09	IC 148	8 47	
	8 13	D 240	8 53	
	8 21	D 232	9 02	
	9 06	D 224	9 47	
	9 15	D 312	9 58	
	9 18	3654	10 19	
	10 05	E 3286	10 59	
	11 15	D 314	11 58	✕
	11 21	E 3658	12 14	
✕	11 30	8016	12 45	
	12 08	D 318	12 50	✕
	12 14	E 3660	13 06	
	13 05	E 3264	13 58	
	13 20	IC 136	14 01	-zuschlagfrei
⑥	13 41	8022	14 52	nicht 24., 31. XII.
	14 09	E 3666	15 05	
	15 08	D 320	15 50	ⵢ
	15 15	8028	16 23	
Ⓐ	15 45	E 3668	16 44	
	16 06	E 3265	16 55	nicht 24., 31. XII.
	16 35	IC 134	17 15	-zuschlagfrei
Ⓐ	16 47	E 3010	17 43	
	17 08	D 322	17 50	✕
	17 18	3420	18 27	
	17 33	3012	18 41	
	18 15	D 324	18 58	✕
✕	18 31	8038	19 38	
	19 16	E 3016	20 06	
	20 15	D 326	20 58	✕
	20 29	3672	21 36	nicht 24., 31. XII.
②	21 05	IC 630	21 45	
	21 08	8044	22 14	
	22 20	3674	23 21	
	23 05	3676	0 06	nicht 24., 31. XII.
	23 37	D 242	0 16	

2. Kl ➜ 14,00 DM   1. Kl ➜ 21,00 DM

IC Intercity-Zug mit ✕, ⑪ oder ⵢ (IC-Zuschlag erforderlich; zuschlagfrei sind die IC-Züge der Verbindungen, die im Fahrplanteil als „-zuschlagfrei" gekennzeichnet sind. Entgelt für Platzreservierung im IC-Zuschlag enthalten. Für Reisegruppen Platzreservierung erforderlich).

D Schnellzug

Für die Benutzung von FD- und D-Zügen ist zu Fahrausweisen bis 50 km Schnellzugzuschlag nur dann erforderlich, wenn im Fahrplanteil eine Verbindung als „zuschlagpflichtig" gekennzeichnet ist. Zu Streckenzeitkarten gilt eine besondere Regelung.

E	Eilzug	Ⓐ	an Werktagen außer Samstag
Ⓢ	DB-Schnellbahnzug	Ⓑ	täglich außer Samstag
ohne Buchstaben	Zug des Nahverkehrs	Ⓒ	an Samstagen, Sonn- und Feiertagen
⎓	Kurswagen	①	Montag
🛏	Schlafwagen	②	Dienstag
⊢	Liegewagen	③	Mittwoch
✕	Zugrestaurant	④	Donnerstag
⑪	Quick-Pick-Zugrestaurant	⑤	Freitag
ⵢ	Speisen und Getränke im Zug	⑥	Samstag (Sonnabend)
Ⓤ	Umsteigen	⑦	Sonntag
†	an Sonn- und allgemeinen Feiertagen		
✕	an Werktagen		

Dieses Verzeichnis wird eingehend studiert, zunächst spontan, dann geordnet nach Fragen, etwa:

(1) Wieviele Züge fahren überhaupt von Aachen nach Köln?
    Wieviele davon sind Nahverkehrszüge, Eilzüge, D-Züge, Intercity-Züge?
    Warum gibt es unterschiedliche Arten von Zügen?
(2) Wie verteilen sich die Abfahrtszeiten auf den Tag?
    Wie erklärst du dir die ungleichmäßige Verteilung?
(3) Wie lange dauert eine Zugfahrt von Aachen nach Köln?
    Wie sind die Unterschiede in der Dauer zu erklären?
(4) Wie schnell fahren die Züge (die Strecke ist 70 km lang)?
    usw.

Zur Beantwortung von (1) eignet sich eine Strichliste:
Aachen — Köln

N	E	D	IC
ⅢⅢ ⅢⅢ ⅢⅢ	ⅢⅢ ⅢⅢ ⅢⅢ ⅢⅢ	ⅢⅢ ⅢⅢ ⅢⅢ ⅢⅢ	ⅢⅢ
15	19	17	4 55

Dabei ist nicht beachtet, daß manche Züge nicht täglich fahren. Erstaunlich sind die vielen D-Züge (fast ein Drittel von der Anzahl aller Züge). Was
aber erst so recht erstaunt, wenn man etwa mit den Zugverbindungen Aachen — Düsseldorf vergleicht: Da gibt es 28 Züge, und nur 5 davon sind D-
Züge und gar keiner ist ein Intercity. Schnelle Züge (D und IC) verkehren auf
Hauptstrecken, auf Strecken zwischen zwei großen Städten, und Aachen
liegt auf der Hauptstrecke Köln — Brüssel und Köln — Lüttich — Paris.
Die Frage (2) kann unterschiedlich grob/fein aufgefaßt werden. Wichtig ist
zunächst einmal die sich aufdrängende Beobachtung, daß die 55 Züge
auch nicht annähernd gleichmäßig auf die 24 Stunden des Tages verteilt
sind. Zwischen 1 und 2 Uhr nachts fährt z.B. gar kein Zug, während zwischen 6 und 7 Uhr morgens werktags 3 Züge fahren. Die Schüler können
vermuten, daß das etwas mit der Arbeitszeit der Leute zu tun haben könnte:
Leute aus Aachen fahren morgens in benachbarte Gemeinden (Stolberg,
Eschweiler, Düren, . . .), um dort zu arbeiten, und abends zurück (Auspendler). Umgekehrt strömen morgens Leute aus Nachbarorten nach Aachen zu
ihrer Arbeitsstelle oder Schule und kehren abends wieder heim
(Einpendler). Das müßte sich am stärksten an den Nahverkehrszügen zeigen. Ist es wirklich so? Die Liste stützt die Vermutung recht gut:

Abfahrt von Aachen morgens/	Ankunft in Aachen morgens/
vormittags in Richtung Köln	vormittags aus Richtung Köln
4.13	6.30
5.35	7.39
6.09	10.19
6.15	
7.11	
7.53	

Ankunft in Aachen nachmittags/	Abfahrt von Aachen nachmittags/
abends aus Richtung Köln	abends in Richtung Köln
14.52	12.13
16.23	13.13
18.27	13.57
18.41	14.23
19.38	15.19
21.36	16.30
22.14	17.10
23.21	20.14
	22.47

Einen Teil der Züge auf der linken Seite können wir Auspendlerzüge nennen, einen Teil auf der rechten Seite Einpendlerzüge. Im Sachunterricht müßte die Frage weiter verfolgt werden: Wieviele Auspendler/Einpendler gibt es? Wo fahren die Auspendler hin? Wo kommen die Einpendler her? usw.

Auffällig ist auch die Anhäufung von D-Zügen, die abends in Aachen abfahren. Es können Vermutungen angestellt werden: Nachtschnellzüge für Urlauber?

In der Beantwortung von Frage (3) spiegeln sich auch die Unterschiede zwischen den Zugtypen wider:

Fahrzeiten Aachen — Köln

Nahverkehrszüge	: 68, 68, 67, . . . Minuten
Eilzüge	: 64, 55, 60, . . . Minuten
D-Züge	: 40, 41, 42, . . . Minuten
IC-Züge	: 41, 39, 39, 43 Minuten

Der Grund ist klar: Je öfter die Züge halten, umso länger dauert im allgemeinen die Fahrt; die Nahverkehrszüge halten an jedem Bahnhof, die D-und Intercity-Züge höchstens einmal (in Düren). Genauer können wir das auf diesen Teilplänen studieren:

km	BD Köln					
0	Aachen Hbf 450 451	0 57	4 13	5 45	7 0
2	Aachen Rothe Erde		4 16	5 48	
5	Eilendorf		4 19		
10	Stolberg (Rhld) Hbf 452		4 24	5 54	
13	Eschweiler Hbf		4 28	5 58	
16	Nothberg		4 31		
21	Langerwehe		4 35	6 03	
31	Düren 443–445 461		4 42	6 11	7 25
	Düren		4 43	6 12	7 26
40	Buir		4 51	6 19	
48	Sindorf		4 57	6 25	
52	Horrem 441		5 01	6 29	
57	Groß Königsdorf		5 05	6 33	
61	Lövenich		5 09	6 37	
67	Köln-Ehrenfeld		5 15	6 43	
70	Köln Hbf	1 37	5 21	6 49	7 49

Die Übersetzung solcher Pläne in eine Graphik mit Zeitangaben ist anspruchsvoll, aber auch ergiebig.

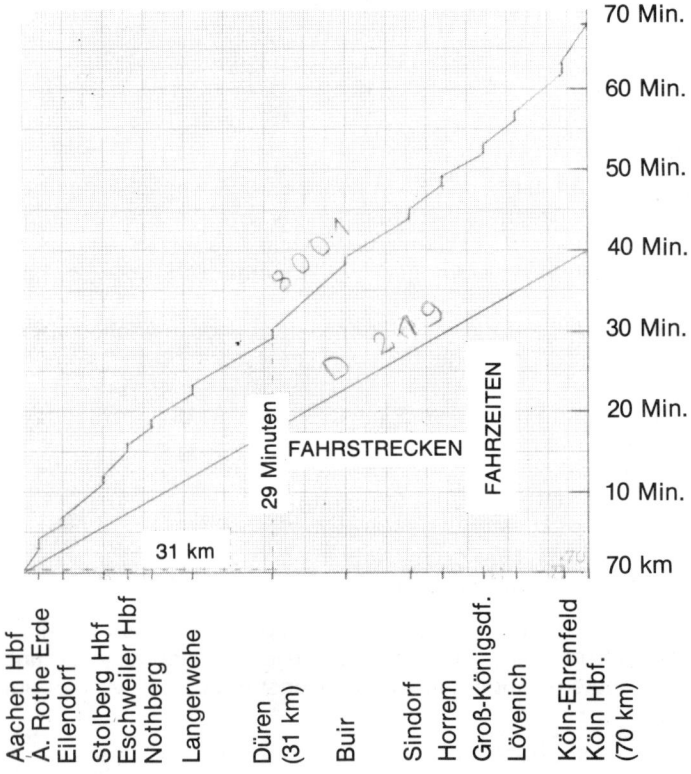

Der D 219 fährt die 70 km lange Strecke von Aachen nach Köln ohne Halt in 40 Minuten (0.57 Uhr bis 1.37 Uhr). Wenn wir annehmen, daß der Zug immer gleichschnell fährt (was er sicher in Wirklichkeit nicht tun kann), so können wir aus dem Bild vieles Weitere entnehmen: Wie lange braucht er bis Düren? (rd. 17 Minuten) Wo ist er nach 25 Minuten? (Zwischen Buir und Sindorf) usw. Der Nahverkehrszug braucht für dieselbe Strecke 68 Minuten, er hält unterwegs an 13 Zwischenbahnhöfen, wir berechnen dafür immer 1 Minute Aufenthalt zum Ein- und Aussteigen. Wie erkennt man die Aufenthalte im Bild? Von den 68 Minuten Gesamtfahrzeit blieben also nur 68 — 13 = 55 Minuten reine Fahrzeit. Mögliche Fragen sind: Wie lange braucht der Zug für die ersten 25 km? (rd. 25 Minuten) Wo ist er nach 40 Minuten Fahrzeit (kurz hinter Buir) usw.?

Die Beantwortung der Frage (4) haben wir schon gut vorbereitet. Der D 260 ist (durchschnittlich!) wesentlich schneller als der 8001, denn er benötigt für dieselbe Fahrstrecke weniger Zeit. Wir können auch sagen: Der D 260 legt in derselben Zeit eine längere Fahrstrecke zurück als der 8001; nach 30 Minuten ist der D 260 schon in Horrem, während der 8001 nach einer halben Stunde erst bis Düren gekommen ist. Um die Schnelligkeit verschiedener Züge (oder anderer sich bewegender Gegenstände) vergleichen zu können, einigt man sich auf eine Sprechweise: Es wird angegeben, wieviel km der Zug zurücklegen würde, wenn er eine Stunde lang gleichmäßig so schnell fahren würde, wie er tatsächlich durchschnittlich gefahren ist. Der D 260 hat in 40 Minuten 70 km geschafft, in 10 Minuten durchschnittlich den 4. Teil davon, also $17\frac{1}{2}$ km, und in 60 Minuten hätte er dann $6 \cdot 17\frac{1}{2}$ km = 105 km zurückgelegt. Wir sagen: Die Durchschnittsgeschwindigkeit des D 260 ist 105 km pro Stunde (105 km/h). Entsprechend können wir von anderen Zügen die Durchschnittsgeschwindigkeit (mit Beachtung oder ohne Beachtung der Zwischenhaltezeiten) berechnen. Interessant ist auch die Frage, ob z.B. der 8001 auf allen Teilstücken gleichschnell fährt, und wie es zu erklären wäre, wenn das nicht der Fall ist.

Kommentar: Das Thema ist ein Paradebeispiel für das Prinzip der heimatlichen Verankerung des Mathematikunterrichts in der Grundschule. Das Herzstück ist hier (nicht die Beschaffung und Bereitstellung, sondern) die Analyse (Beschreibung, Darstellung, Gruppierung, Ausdeutung, . . .) von Daten. Allein das Teilziel, sich in einer längeren und komplexeren Tabelle zurechtzufinden, ist lohnenswert. Es werden Erfahrungen zu mehreren Größenarten zugleich gemacht: Längen, Zeitspannen, Uhrzeiten, Geschwindigkeiten. Ausgiebige Erfahrungen zu Geldbeträgen kommen noch hinzu, wenn man noch Fahrgeld ins Spiel bringt. Dazu besorge man sich eine aktuelle Tariftabelle. (Für den Fahrpreis legt die DB übrigens 71 km als Entfernung zwischen Aachen und Köln zugrunde!).

3.15 Der Jumbo-Jet und unsere Schule (Klasse 4)

Als Anregung zum Gespräch zeigt ein Lehrer ein Foto (DIA) über das Innere eines Jumbo-Jets (Winter 1984), das er von Reisebüros oder direkt von der Lufthansa besorgt hat.
Die Kinder, die schon einmal geflogen sind, können das Bild sogleich einordnen: „Das ist in einem Flugzeug". Warum?

Die Kinder sollen (den übrigen) Gründe dafür angeben, daß es wohl nicht das Innere eines Busses, eines Eisenbahnwagens, eines Schiffes, einer Schulklasse, . . . sein dürfte. Es findet sich bestimmt auch wenigstens ein Schüler, der ein Flugzeugexperte ist und sagen kann, daß es das Innere eines Großraumflugzeuges ist und diese riesigen Vögel die und die Ausmaße haben. Einige Kinder können (in der Regel) von eigenen Flugerfahrungen berichten. Jeder hat aber schon Flugzeuge am Himmel gesehen und ihren Lärm gehört.

Der Lehrer fordert zu Fragestellungen auf. Möglich sind u.a.

(1) Welche Ausmaße hat ein Jumbo-Jet? Könnte er auf unserem Schulhof stehen.?
(2) Wieviele Leute kann ein Jumbo-Jet transportieren? Gingen alle Kinder unserer Schule hinein?
(3) Wie werden die Leute im Flugzeug versorgt?
(4) Wie schnell fliegt ein Jumbo-Jet?
(5) Wie hoch fliegt er?
(6) Wieviel Kraftstoff verbraucht er?

Das sind — ehrlicherweise — vom Lehrer mitgesteuerte Fragen. Vielleicht tauchen ganz andere auf (Warum fällt ein Flugzeug nicht herunter? Darf man unterwegs Fenster öffnen? Hält man den Lärm aus, wenn man drinnen sitzt? Warum werden überhaupt so große Flugzeuge gebaut, ist das nicht zu gefährlich? . . .), die man nicht einfach unterdrücken darf.
Bei Frage (1) fordert der Lehrer zu (begründeten) Vermutungen auf. Dann teilt er die Hauptausmaße mit: 70,51 m lang, 19,33 m hoch, 59,64 m Spannweite. Aber was sagen diese Zahlen?

Zunächst wird mit dem Klassenraum verglichen, der ist vielleicht 8 m lang. Der Jumbo ist viel, viel größer. Draußen messen wir mit dem Bandmaß Länge und Breite unseres Schulhofes nach (zuerst schätzen!), der dürfte auch in der Regel kürzer sein als der Jumbo lang ist, vielleicht 50 m lang. Wir brauchten schon einen Sportplatz für den Jumbo, ein Fußballfeld ist etwa 100 m lang. Nützlich ist es, die Länge des Flugzeuges auf einem geeigneten Stück Bürgersteig auszumessen, abzustecken und abzuschreiten. Dabei bieten sich weitere Vergleiche an:
Breite eines Einfamilienhauses, Breite eines Grundstückes, Abstand zweier Straßenbäume usw.
Auch von der Höhe (19,33 m) verschaffen wir uns eine möglichst gute Vorstellung. Höher als ein Haus, ein Kirchturm, eine Pappel, . . .? Kinder sind jedenfalls etwa 1,50 m hoch, da müßten wir viele übereinanderstellen, bis wir die Höhe des Schwanzes (Seitenruders) des Jumbos erreichten. Eine genauere Aufgabe wäre: Jochen ist 1,43 m groß, wieviel mal so hoch ist der Jumbo? Die Lösung kann durch fortgesetztes Subtrahieren (evtl. mit Überschlagen) gefunden werden:

$$\begin{array}{r}
19,33 \text{ m} \\
- \underline{14,30 \text{ m}} \quad (10 \cdot 1,43 \text{ m}) \\
5,03 \text{ m} \\
- \underline{1,43 \text{ m}} \quad (1 \cdot 1,43 \text{ m}) \\
3,60 \text{ m} \\
- \underline{2,86 \text{ m}} \quad (2 \cdot 1,43 \text{ m}) \\
0,74 \text{ m}
\end{array}$$

Also ist der Jumbo mehr als 13mal so hoch wie Jochen.

Wir überschlagen auch mit der Höhe eines Schulhauses. Für ein Stockwerk rechnen wir (ganz großzügig) 4 m Höhe (im Klassenraum schätzen und nachmessen!), so daß sich rd. die Höhe eines 5-stöckigen Hauses ergibt. Zur Bearbeitung der Fragen (2) und (3) bietet der Lehrer authentisches Material an, nämlich den Plan eines Flugzeuges:

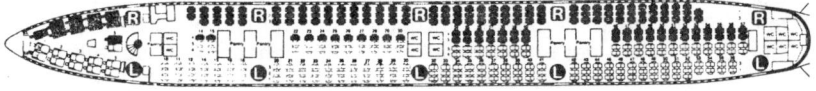

Oberdeck/Upper Deck

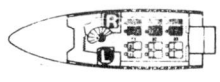

Sitzplan
im Jumbo-Jet

(Winter 1984)

Aus ihm können die Schüler die Anzahl der Sitze (geschickt) zählend ermitteln (379, davon 346 für Passagiere) — was den meisten Kindern übrigens außerordentlich schwer fällt. (In einer Versuchsklasse fand kein einziges Kind die genaue Zahl heraus.) 346 Fluggäste, ist das viel? Wie vergleichen diese Zahl mit der Anzahl der Kinder unserer Klasse, unserer Schule, mit der Anzahl der Sitze in einem Bus, unserer Aula, unseres Stadttheaters, ...
Weitere Zählaufgaben zu unserem Plan sind: Sind auf der rechten Seite (R) genau so viele wie auf der linken (L)? Gibt es genau so viele Sitze für Raucher (dunkel) wie für Nichtraucher? 33 Sitze gehören zur 1. Klasse, wieviele nicht zur 1. Klasse? Aber der Plan gibt noch viel mehr her. Die Kinder werden feststellen, daß es 12 WCs gibt. Wieviele Leute entfallen (bei voller Besetzung) auf ein WC? Es genügt notfalls ein Überschlag:

$$360 : 12 = 30, \text{ denn } 3 \cdot 12 = 36, 30 \cdot 12 = 360$$
$$\underline{24 : 12 = 2, \text{ denn } 2 \cdot 12 = 24}$$
$$384 : 12 = 32$$

Rund 32 Persopnen für 1 WC. Und wie ist es für die Kinder an unserer Schule? Da gibt es (wohl) verhältnismäßig viel mehr WCs als im Flugzeug. Könnt ihr euch das erklären?
Die Schüler werden fragen, was Pantrys sind; es sind Vorratsschränke. Ach ja, im Flugzeug gibt es ja auch zu essen und zu trinken. Es werden 7 Vorratsschränke gezählt. Wieviele Essenspakete müssen in jedem Vorratsschrank verstaut werden, wenn alle Plätze besetzt sind und jeder Passagier ein Essen erhalten soll? (379 : 7). Da braucht man Leute, die das Essen verteilen, das sind 15 Stewardessen und Stewards. Wieder gibt es zu rechnen und zu vergleichen (mit einem Restaurant z.B.).
Der Plan regt auch zu Messungen an. Aus der bekannten Länge in Wirklichkeit (70,51 m) und der meßbaren Länge in der Zeichnung läßt sich der Maßstab und dann über Ausmessen auch die innere Breite ermitteln (an der breitesten Stelle 6,13 m). Von hier aus läßt sich dann auch abschätzen, wie breit ein Flugzeugsitz ist, und das läßt sich mit der Breite unserer Schulstühle vergleichen.
Ganz entsprechend können die übrigen Fragen (und evtl. weitere) bearbeitet werden. Die notwendigen Daten werden vom Lehrer gegeben (oder — besser — er verteilt Material der Lufthansa), das vergleichende Durcharbeiten und Besprechen der Ergebnisse kann dann mehr oder minder autonom aus der Klasse heraus betrieben werden.

Weitere Daten zum Jumbo-Jet (Boing 747 E):
Reisegeschwindigkeit: rd. 900 km pro Stunde
Start- und Landegeschwindigkeit: rd. 600 km pro Stunde
Flughöhe während der Reise: rd. 10000 m
Kraftstoffverbrauch während der Reise: rd. 16000 l pro Stunde
Höchststartgewicht (auf 18 Rädern!): rd. 363000 kg

Einige Entfernungen:

Frankfurt — Madrid	1400 km
Frankfurt — Moskau	2000 km
Frankfurt — New York	6200 km

Neuwert: 188 Mill. DM

Hieraus läßt sich eine Fülle von Aufgaben entwickeln. Wichtig ist dabei immer der Bezug zur Erfahrungswelt. Z.B. kann überschlägig ausgerechnet werden, daß ein einziger Flug von Frankfurt nach New York und zurück etwa 220000 l Kraftstoff verbraucht. (Wir rechnen mit $2 \cdot 7 = 14$ Stunden Flugzeit, also sind es $14 \cdot 16000$ l $= 224000$ l.) Wenn unser Klassenzimmer 6 m lang, 7 m breit und 3 m hoch ist, dann faßt es 126000 l, was man ohne Volumenformel, nur durch Überlegen finden kann. Und wenn eine Familie zum Heizen der Wohnung im Jahr 3000 l Heizöl (vergleichbar mit Kraftstoff) verbrauchte, so könnte sie mit dem Verbrauch für einen solchen Flug rd. 70 Jahre lang heizen.

Kommentar: Das Projekt Jumbo-Jet ist insofern didaktisch wertvoll, als es Gelegenheit zu verschiedenen Tätigkeiten (lesen, betrachten, messen, zählen, rechnen, überschlagen, . . .) und Erfahrungen zu allen relevanten Größen (Anzahlen, Längen, Gewichte, . . .) eröffnet. Darüber hinaus wird durch das nähere Bekanntwerden mit einem für Kinder vergleichsweise exotischen, aber vielleicht gerade deshalb faszinierenden Gegenstand, das sachkundliche Wissen über die wahrnehmbare Umgebung besonders gut vertieft.

3.16 Alle Menschen müssen sterben — wie alt Menschen werden (Klasse 4)

Bei Gelegenheit des Allerseelenfestes oder Totensonntags oder eines Todesfalles im Bekanntenkreis von Kindern kommt das Gespräch auf Tod und Sterben.

Gedanken können sein: Alle Menschen müssen sterben. Manche sterben früh, manche erst im hohen Alter. Die meisten sterben erst, wenn sie sehr alt sind. Wirklich? Keiner kann wissen, wann er stirbt. In armen Ländern sterben viele schon im Kindesalter. Ich möchte sehr alt werden. Wie kann man sehr alt werden?

Einige Kinder können aus ihrer Verwandtschaft oder Bekanntschaft über Sterbefälle berichten.

Der Lehrer regt an: Ob man wohl etwas Genaueres darüber sagen kann, *wie alt* Menschen werden?

Die Schüler stellen Mutmaßungen an. Es wird überlegt, wie man die Frage: Wie alt werden bei uns die Menschen?, die an der Tafel steht, beantworten könnte.

Denkbare Vorschläge sind u.a.:
(1) Auf den Friedhof gehen und dort das Alter der Verstorbenen erkunden
(2) Zum Standesamt gehen und dort Zahlen erfragen
(3) Die Todesanzeigen in der Zeitung nachsehen
(4) Ein Statistikbuch zu Rate ziehen.

Jedenfalls wird hervorgehoben, daß wir mit Raten oder Vermuten nicht weiterkommen, wir brauchen Zahlen. Der Lehrer greift den 3. Vorschlag auf. Die Zeitung vom letzten Wochenende wird besorgt, und aus ihr wird eine Liste zusammengestellt. Es ergibt sich (nach „Aachener Volkszeitung" vom 2.2.85)

Name	Alter in Jahren	Name	Alter in Jahren
Paul Hettwer	77	Johann Lelickens	90
Johanna Bornemann	74	Franz Clausen	87
Cyprian Lüke	78	Käthe Lingener	82
Maria Fischer	90	Josef Vondenbusch	88
Marianne Richter	49	Josef Kronen	87
Therese Böhmer	89	Wilhelm Bayer	73
Klara Hahn	86	Peter Pogrzeba	45
Katharina Schluszat	72	Adelheit Gutknecht	74
Hubertine Rombach	78	Erna Steins	68
Karl Ritschel	60	Dr. Gerhard Marx	78
Karl Stämmler	49	Johann Bardy	78
Sebastian Maassen	88	Alfred Klär	61
Anna Schumacher	77	Ernst Dunkel	63

Die Schüler betrachten diese Liste von 26 Verstorbenen und versuchen, spontane Eindrücke zu formulieren. Sie werden gebeten, in Stillarbeit „Beobachtungen über die Sterbeliste" niederzuschreiben. Die Ergebnisse werden danach besprochen und verglichen, und hieraus können sich gezielte Fragen ergeben, die an der Tafel notiert werden, z.B.:

(1) Welches war das niedrigste, welches das höchste Alter (von allen Verstorbenen der Liste)?
(2) Mit welchem Alter starben die meisten der 26 Leute?
(3) Gab es einen Unterschied zwischen Frauen und Männern?
(4) Wieviel Leute wurden älter als 70 Jahre?
(5) Welches Alter erreichten die Frauen/Männer/Leute durchschnittlich?
(6) Wie alt wurde die Hälfte der Leute mindestens?

Manche Fragen können direkt beantwortet werden, z.B. (1) und (4). Der jüngste wurde nur 45, die ältesten wurden 90 Jahre alt (gerade doppelt so alt), 19 Leute wurden älter als 70 Jahre.

Aber unsere Liste ist ziemlich unübersichtlich. Schlagt eine übersichtliche Darstellung vor, damit wir die anderen Fragen besser beantworten können.

Eine gute Möglichkeit ist ein Ordnungsbild, wie z.B. dieses:

```
45  49  49  60  61  63  68  72  73  74  74  77  77
 m   w   m   m   m   m   w   w   m   m   w   m   w

78  78  78  78  82  86  87  87  88  88  89  90  90
 m   w   m   m   w   w   m   m   m   m   w   w   m
```

Es ist eine Modellierung der durch die ursprüngliche Liste gegebenen Situation. Im Modell wird von den Individuen (Namen!) abgesehen, nur noch Sterbealter und Geschlecht sind berücksichtigt, aber in einer Weise, aus der weitere Informationen gezogen werden können, z.B. die Frage (2): Das häufigste Sterbealter war 78. Eine noch bessere Antwort (Warum?): Der 6-Jahres-Zeitraum, in dem die meisten starben, ist der von 73 bis 78 Jahren (9 der 26 Menschen). Und die Frage (6): Die Hälfte der Verstorbenen wurde 77/78 Jahre alt, die jüngeren 13 höchstens 77 Jahre alt, die älteren 13 mindestens 78 Jahre alt. 77½ Jahre ist der *Zentralwert* der 26 Werte.

Den größten Rechenaufwand erfordert (5), aber es ist eine der natürlichsten Fragen. Ist der Begriff Durchschnitt noch nicht in seiner rechnerischen Fassung bekannt, so kann die Frage (5) etwa so ausgedrückt werden: Welches Alter hätten die Frauen (Männer, Leute) erreicht, wenn sie alle gleich alt geworden wären, wenn also die früh Verstorbenen älter, die spät Verstorbenen nicht so alt geworden wären? Der Durchschnittswert wird hiermit als „Ausgleichswert" oder „Gleichmachungswert" verstanden. Die Bestimmung des Durchschnittsalters kann dann durch sukzessives probierendes Ausgleichen erfolgen (im Sinne des Mittelwertabakus von Spiegel 1985), bei den 10 Frauen so:

```
49      68      72      74      77      78      82      86      89      90
↓ +1                                                                    ↓ —1
50      68      72      74      77      78      82      86      89      89
↓ +18                                                   ↓ —4   ↓ —7   ↓ —7
68      68      72      74      77      78      82      82      82      82
↓ +8  ↓ +8  ↓ +4  ↓ +2  ↓ —1  ↓ —1  ↓ —5  ↓ —5  ↓ —5  ↓ —6
76      76      76      76      76      77      77      77      77      77
↓ +½ ↓ +½ ↓ +½ ↓ +½ ↓ +½ ↓ -½ ↓ -½ ↓ -½ ↓ -½ ↓ -½
76 ½ 76 ½ 76 ½ 76 ½ 76 ½ 76 ½ 76 ½ 76 ½ 76 ½ 76 ½
```

Die verstorbenen 10 Frauen wurden also durchschnittlich 76 ½ Jahre alt. Auf die letzte Reihe, wo Halbe auftreten, hätten wir übrigens auch verzichten können, die vorletzte reicht für die Aussage, daß das Durchschnittsalter zwischen 76 und 77 Jahren lag. Dieses Ausgleichsverfahren kann mehr oder weniger mechanisch gestaltet werden. Die mechanischste Art wäre es, fortgesetzt nur immer einen niedrigen Wert um 1 erhöhen und zum Ausgleich einen hohen Wert um 1 erniedrigen (wie hier beim 1. Schritt). Dann aber kann es sehr lange dauern, bis ausgeglichen ist.

Nachdem die Schüler auf solche Weise einen Begriff vom Durchschnittswert haben erwerben können, ist der Boden für die Frage vorbereitet, ob
man nicht auf raschere Art den Durschnittswert ausrechnen kann. Es kann
entdeckt werden: Man erhält den Durschnittswert, wenn man alle Werte
aufaddiert (zusammenzählt) und diese Summe durch die Anzahl der Werte
teilt.
Tatsächlich ergibt sich für die 10 Frauen:

49
68          $765 : 10 = 76 + \frac{1}{2} (= 76 + 5 : 10)$
72
74   entsprechend für die 16 Männer:
77          $1176 : 16 = 73 + \frac{1}{2} (= 73 + 8 : 16)$
78
82

86   und für alle 26 Leute
89          $1941 : 26 = 74 + \frac{17}{26} (= 74 + 17 : 26)$
90
___
765

Gerundet lauten die Durchschnittswerte 77, 74, 75.
Zur Frage (3) fällt auf, daß deutlich weniger Frauen starben als Männer und
daß die Frauen durchschnittlich älter wurden als Männer. Über die Frage,
ob diese Unterschiede nur zufällig in diesem Beispiel auftreten oder etwas
Allgemeines ausdrücken, kann diskutiert werden. Dazu teilt der Lehrer
wichtige Daten über die Bevölkerung in der Bundesrepublik mit.
Wohnbevölkerung (am 30.6.83): 29 363 400 männliche Personen
                              32 057 300 weibliche Personen
Es starben 1983   :   343 800 männliche Personen
                             374 500 weibliche Personen
Durchschnittliches Sterbealter (1980/82):
        70 Jahre für männliche Personen
        77 Jahre für weibliche Personen
Die Zahlen über die Bevölkerung fordern heraus: Danach gab es mehr weibliche als männliche Personen. In unserem Beispiel jedoch starben deutlich
mehr Männer als Frauen. Mögliche Erklärungen: 1. 1985 herrschen andere
Verhältnisse als 1983 (sehr unwahrscheinlich). — 2. Von gestorbenen Frauen wird seltener eine Todesanzeige in die Zeitung gesetzt als von Männern
(?). 3. Reiner Zufall (dann verfolgen wir die Anzeigen an weiteren Tagen).
Daß Frauen durchschnittlich (heute bei uns) tatsächlich älter werden als
Männer, wird deutlich durch die Großzahlen und im Beispiel belegt. Es lassen sich interessante Erörterungen über die möglichen Gründe anknüpfen.

Kommentar: Das Thema ist in sachkundlicher Hinsicht zerbrechlich, und
ich kann es nur den Lehrern empfehlen, die sich und ihren Schülern genü-

gend Empfindsamkeit zutrauen. *Das* große Thema — Leben und Sterben —
wird ja hier in einer Weise angefaßt, bei der wichtige Lebensumstände und
individuelle Schicksale ausgeblendet sind, bis auf die Zahlen über das Sterbealter und das Geschlecht der Gestorbenen. Andererseits dürfte es päda-
gogisch vertretbar sein, wenn auch in sogenannten „nüchternen Zahlen"
über Sterben gesprochen wird, vor allem dann, wenn der Lehrer das Thema
in eine weitere Perspektive stellt. Dazu als Anregung nur noch zwei Zahlen:
Durchschnittliches Sterbealter bei uns vor 100 Jahren:
36 (männlich), 38 (weiblich)
Durchschnittliches Sterbealter in Ägypten heute:
54 (männlich), 57 (weiblich).

Literatur

H. Bauersfeld: Subjektive Erfahrungsbereiche als Grundlage einer Interaktionstheorie des Mathematiklernens und -lehrens, in: Bauersfeld (u.a.): Lernen und Lehren von Mathematik, IDM 6, Aulis 1983

G. Becker u.a.: Anwendungsorientierter Mathematikunterricht, Klinkhardt 1979

P. Bender: Analyse der Ergebnisse eines Sachrechentests am Ende des 4. Schuljahres. In: Sachunterricht und Mathematik in der Primarstufe 8 (1980), S. 150—155, 191—198, 226—233

P. Bender: Der Primat der „Sache" im Sachrechnen der Primarstufe, in: Beiträge zum Mathematikunterricht 1984, franzbecker 1984, S. 75—78

J. Blankenagel: Schätzen, Überschlagen, Runden, in: Sachunterricht und Mathematik in der Primarstufe 11 (1983), S. 278—283, 315—322

Bremer/Dahlke: Schwierigkeiten im Prozeß des Lösens von Sachaufgaben, in: Vollrath, H.-J. (Hrsg.): Sachrechnen, Klett 1980

H.-J. Burscheid: Beiträge zur Anwendung der Mathematik im Unterricht, in: Zentralblatt für Didaktik der Mathematik 12 (1980) S. 63—69

R. Dröge: Problemloses Sachproblemlösen? in: mathematica didactica 7 (1984) S. 87—100

Floer/Haarmann: Mathematik für Kinder, Arbeitskreis Grundschule e.V. 1982

H. Freudenthal: Mathematik als pädagogische Aufgabe, 2 Bd. Klett 1973

Chr. Keitel: Sachrechnen, in: Volk, D. (Hrsg.): Kritische Stichwörter Mathematikunterricht, Fink 1979

Chr. Keitel: Sachrechnen und Anwendungen im Mathematikunterricht, in: mathematica didactica 4 (1981) S. 95—103

J. Kühnel: Neubau des Rechenunterrichts, 2 Bände, Klinkhardt 1922

Lörcher/Lörcher: Nuffield Mathematikprojekt — Konkrete Mathematik in der Grundschule 1, Klett 1975

Maier/Schubert: Sachrechnen, Ehrenwirth 1978

Müller/Wittmann: Der Mathematikunterricht in der Primarstufe, Vieweg 1984[3]

W. Münzinger: Projektorientierung, in: Volk, D. (Hrsg.): Kritische Stichwörter Mathematikunterricht, Fink 1979

M. Otte (Hrsg.): Mathematiker über die Mathematik, Springer 1974

H. Radatz: Untersuchungen zum Lösen eingekleideter Aufgaben, in: Journal für Mathematikdidaktik 4 (1983), H. 3, S. 205—217

Radatz/Schipper: Handbuch für den Mathematikunterricht an Grundschulen, Schroedel 1983

H. Roth: Pädagogische Psychologie des Lehrens und Lernens, Schroedel 1970[12]

A. Rysen: Rechnung auff der Linien unnd Federn/ Auff allerley Handtierung, Frankfurt 1525, Reprint durch Vincentz Verlag 1978

Schweizerisches Forum für den Mathematikunterricht: Motivierende Situationen im Mathematikunterricht, Informationsbulletin (Genf) 1977

H. Spiegel: Der Mittelwertabakus, in: Mathematik lehren, Heft 8 („Mittelwerte") 1985

R. Strehl: Grundprobleme des Sachrechnens, Herder 1979

A. Treffers: Mathematikunterricht Klasse 1 bis 6, Schöningh 1978

M. Wagenschein: Verstehen lernen, Beltz 1977[6]

H. Winter: Die Erschließung der Umwelt im Mathematikunterricht der Grundschule, in: Sachunterricht und Mathematik in der Primarstufe 7 (1976), S. 337—353

H. Winter: Kreatives Denken im Sachrechnen, in: Die Grundschule 9 (1977) S. 106—110

H. Winter: Fächerübergreifender Mathematikunterricht — warum? in: Die Grundschule 12 (1980) S. 98—102

H. Winter: Der didaktische Stellenwert des Sachrechnens im Mathematikunterricht der Grund- und Hauptschule, in: Pädagogische Welt 35 (1981), S. 660—671

H. Winter: Mathematik, in: Bartnitzky/Christiani: Handbuch der Grundschulpraxis und Grundschuldidaktik, Kohlhammer 1981

H. Winter: Der Jumbo-Jet, in: Mathematik lehren, Heft 6 („Fliegen"), 1984, S. 14—19

Chr. Zöckler: Erfahrungsbericht über das Unterrichtsbeispiel ‚Mein Schulweg‘, in: Volk, D. (Hrsg.): Didaktik und Mathematikunterricht, Beltz 1980

Lehrer-Bücherei: Grundschule

Herausgegeben von Horst Bartnitzky und Reinhold Christiani

Norbert Sommer-Stumpenhorst
Lese- und Rechtschreib-schwierigkeiten: vorbeugen und überwinden
Von der Legasthenie zur LRS; LRS-Diagnose; Förderkonzepte und Übungs-materialien
128 S., Pb
ISBN 3-589-05020-9

Nina Mozer
Der Schulgarten
mit Alternativen für draußen und drinnen
Anlage und Organisation; Themen und Aktivitäten; Alternativen
136 S., Abb., Pb
ISBN 3-589-05019-5

Horst Bartnitzky (Hrsg.)
Umgang mit Zensuren in allen Fächern
Leistungen und Leistungsförderung; Beobachtungen, Tests, Klassen-arbeiten; Zeugnisschreiben
2. Aufl., 152 S., Abb., Pp
ISBN 3-589-05017-9

Horst Bartnitzky
Sprachunterricht heute
Standortbestimmungen des Deutsch-unterrichts; Ziele - Wege - Unterrichts-anregungen; Beispiele und Arbeits-pläne
2. Aufl., 112 S., Pp
ISBN 3-589-05010-1

Horst Bartnitzky/
Reinhold Christiani (Hrsg.)
Materialband: Grundwortschätze
Grundlegende Aufsätze; Klassenwort-schätze; Amtliche Grundwortschätze
112 S., Pb
ISBN 3-589-05007-1

Horst Bartnitzky/Christa Fluck/
Hannelore Gräser/Christine Kretschmer
Differenzierte Diktate:
Klassen 3 und 4
Klassendiktate; tägliche Übungen; Beurteilung
3. Aufl., 84 S., Pb
ISBN 3-589-05005-5

Horst Bartnitzky/Mechtild Peisker/
Sigrid Wattendorff
Eltern helfen in der Schule
bei Festen und Feiern, Ausflügen, bei Projekten, im Unterricht
68 S., Pb
ISBN 3-589-05000-4

Gertrud Beck/Wilfried Soll (Hrsg.)
Heimat, Umgebung, Lebenswelt
Regionale Bezüge im Sachunterricht; Überlegungen und Beispiele; Anregun-gen für ein schulnahes Curriculum
114 S., 50 Abb., Pb
ISBN 3-589-05016-0

Susanne Bobrowski/
Eva-Maria Wuschansky
Differenzierte Lernkontrollen
im Mathematikunterricht:
Klassen 1 und 2
Konzeption und Beispiele, Beurteilung, Auswertung
108 S., Pb
ISBN 3-589-05002-0

Cornelsen Verlag Scriptor

Vertrieb:
CVK Cornelsen Verlagskontor
Postfach 8729 · 4800 Bielefeld